完全攻略！
英検®1級
二次試験対策

長尾和夫
アルファ・プラス・カフェ 著

実用英語技能検定(英検)
問題形式リニューアルについて

リニューアル内容

級	一次試験					二次試験
	筆記試験			試験時間	Listening	Speaking
	Reading	Writing				
1級	41問→35問 ・大問1:短文の語句空所補充 →3問削除 ・大問3:長文の内容一致選択 →3問削除	英作文問題の出題を1題から2題に増加		変更なし 100分	変更なし	変更なし
準1級	41問→31問 ・大問1:短文の語句空所補充 →7問削除 ・大問3:長文の内容一致選択 →3問削除	既存の「意見論述」の出題に加え、「要約」問題を出題		変更なし 90分	変更なし	受験者自身の意見を問う質問に話題導入文を追加
2級	38問→31問 ・大問1:短文の語句空所補充 →3問削除 ・大問3B:長文の内容一致選択 →4問削除			変更なし 85分	変更なし	変更なし
準2級	37問→29問 ・大問1:短文の語句空所補充 →5問削除 ・大問3B:長文の語句空所補充 →3問削除	英作文問題の出題を1題から2題に増加		時間延長 75→80分	変更なし	変更なし
3級	変更なし	既存の「意見論述」の出題に加え、「Eメール」問題を出題		時間延長 50→65分	変更なし	変更なし

※アルクより (2024年3月)

最新情報は「実用英検 問題形式リニューアル 特設サイト」をご確認ください。

https://www.eiken.or.jp/eiken/2024renewal/

　英検 1 級の二次試験は、5 つのトピックから 1 つを選んで 2 分間のスピーチを行い、その内容に関する質問に答えるというものです。トピックは政治経済、国際問題、環境、科学、教育など幅広いジャンルにわたり、例えば「幹細胞研究の道義的問題」や「テロリズムは根絶できるか」のように、ある程度の背景知識や専門用語の知識がなければ語れないトピックも出題されます。このような難題について、まとまった意見を即興で述べることは、たとえ日本語であっても難しいでしょう。

　そこで、多くの受験者が対策として行うのが「スピーチ例」の暗記です。1 級二次試験対策教材の多くは、頻出トピックごとに複数のスピーチ例を掲載しています。それらを丸暗記することで、最低限の背景知識や関連語句を学ぶことができますし、プロの教材執筆者が練りに練って書いたスピーチなので、もちろん英語や論理構成は完璧。試験でそのまま再現できれば合格は間違いなしです。

　ただ、借り物のアイデアや、自分が使い慣れていない言い回しは、なかなか身につきづらいものですし、極度の緊張を強いられる面接の場で、覚えたスピーチ例を思い出しながら話すのも至難の業です。何より、覚えたトピックがそのまま出題される可能性は高くありません。特に試験までの日数が限られている場合、数ある頻出トピックのうちどれを優先的に覚えるべきか、迷いや焦りが募るばかりで、消化不良のまま本番を迎えるという事態にもなりかねません。

　本書は英検 1 級二次試験に備えるための本ですが、特に初めて一次試験に合格し（または合格する見込みで）、これから二次試験対策を始める方を対象に企画・編集されています。すでに何度か二次試験に挑戦していて、暗記したスピーチのストックがたくさんあるとか、高得点での合格を目指しているという方にはお勧めしません。本書が目指すのは、二次試験までの 2 週間で、何とか合格するレベルに達することです。トピックは 1 日 1 つ、計 14 しか扱いません。しかし、短文音読で論点を押さえ、会話のリスニングとクイズを通じて咀嚼し、自分の意見としてスピーチ草案に落とし込むという段階的な練習により、「時事問題を自分のことばで語る」ことに慣れることができます。耳、目、口、手を総動員するので、単なる暗記よりも定着しやすく、他のトピックが出題されたとしても、覚えた論点や語句表現を使って乗り切ることも可能です。

　本書がみなさんのスピーチ力、英語発信力の向上に役立つとすれば、著者としてこれに勝るよろこびはありません。それでは、二次試験の概要と本書の使い方を確認し、1 日目の学習をスタートしましょう。

2020 年 8 月
長尾和夫

形式・課題

約 10 分間の英語での面接となります。

測定技能	形式・課題	形式・課題詳細	問題数	解答形式
スピーキング	自由会話	面接委員と簡単な日常会話を行う。	-	個人面接 面接委員 2 人 （スピーチ・応答の内容、語彙、文法、発音の正確さなどの観点で評価）
	スピーチ	与えられた 5 つのトピックの中から 1 つ選び、スピーチを行う。（2 分間）	1	
	Q & A	スピーチの内容やトピックに関連した質問に答える。	-	

評価項目と配点、合格点

評価項目は 4 つあり、それぞれ 10 点満点となっています。

● Short speech (スピーチ)
与えられた 5 つのトピックの中から 1 つ選び、論点とその根拠をまとめ、首尾一貫したスピーチを組み立てることが求められます。

● Interaction (応答)
面接委員とのやりとりの中で、質問に対して臨機応変に応答し、会話を継続することが求められます。

● Grammar and vocabulary (文法と語彙)
面接を通して、幅広い範囲の語彙・文法を、正確かつ適切に運用することが求められます。

● Pronunciation (発音)
面接を通して、発音・アクセント・イントネーションを正しく運用することが求められます。

以上の 4 項目の合計点を素点とし、公益財団法人 日本英語検定協会が統計的手法（非公表）を用いて「英検 CSE スコア」を算出します。満点スコアは 850、合格基準スコアは 602 です。素点で何点を取れば合格基準スコアに達するかは回によって異なりますが、ボーダーは 26 〜 28 点であることが多いようです。つまり、各項目で 7 割の出来を目指せばよいと考えましょう。

※英検®は、公益財団法人 日本英語検定協会の登録商標です。
※このコンテンツは、公益財団法人 日本英語検定協会の承認や推奨、その他の検討を受けたものではありません。

試験の流れ

試験当日、面接室への入室から退室までの流れは以下の通りです。

❶ 入室、カードの提出
係員の案内に従って面接室に入室します。入室すると 2 人 (日本人 1 人、英語のネイティブスピーカー 1 人) の面接委員が待っています。控室で記入した面接カードの提出を求められるので、Here you are. (こちらです) などと言いながら手渡します。着席を促されたら、お礼を言って座りましょう。

❷ 氏名の確認、日常会話
面接委員があなたの名前を確認した後、「今日は会場までどうやって来たか」「仕事は何をしているのか」など簡単な質問をしてくるので、会話を交わしましょう。この日常会話は採点対象ではありませんが、ここでスムーズに英語でコミュニケーションできることを印象付けられると Interaction の得点にプラスに働く可能性があります。英語での自己紹介に慣れておきましょう。

❸ トピックカードの受け取り、スピーチの準備 (1 分間)
5 つのトピックが書かれたカードを受け取ります。スピーチの準備に与えられる時間は 1 分間です。この間に、トピックを選定し、話す内容を考えます。メモを取ることはできません。

❹ 選択トピックの確認
タイムキーパー係の面接委員が、1 分間が経過したことを告げます。どのトピックを選んだかを尋ねられるので、選んだトピックの番号とタイトルを伝えましょう。

❺ スピーチ (2 分間)
面接委員の開始の合図で、スピーチを始めます。
❻ Q&A (4 分間)
スピーチの内容に関して、面接委員から「…についてもう少し詳しく教えてください」「あなたならどのように…を解決しますか」のような質問がなされるので、答えます。

❼ 試験の終了、トピックカードの返却、退室
面接委員が試験の終了を伝えます。トピックカードを返却して、感謝などを含むあいさつを少々交わしてから退室します。

合否はおよそ 10 日後に英検公式サイトで閲覧可能になります。合格した人には合格証明書が郵送されます。また、合否を問わず全受験者に英検 CSE スコア証明書が郵送されます。

※上記の情報は 2020 年 7 月現在のもので、形式、評価項目、配点、合格基準スコアなどは変更される可能性があります。英検ホームページで随時ご確認ください。

スピーチの基本フォーマット

トピックに沿った、論理的一貫性がある内容を規定の時間内に話せれば、どのような構成でも構いませんが、結論→論点2～3点→結論（繰り返し）というシンプルなフォーマットが最も分かりやすいでしょう。以下に基本フォーマットでのスピーチづくりの手順を示します。

スピーチの準備（1分）

トピックの選定　10～15秒

構成の検討に時間を割きたいので、トピック選びは10～15秒で行いましょう。なじみのある分野のトピックがあれば即決します。

【例】Should Japan stop commercial whaling?（日本は商業捕鯨を禁止するべきか）

構成の検討　45～50秒

トピックに対し、結論（賛成／反対・主張）と、その論点2～3点（思いつかなければ1つ）を頭の中で考えます。この段階では日本語で考えても OK です。
【例】結論：いいえ。
論点1：捕鯨は日本の伝統文化の一部
論点2：鯨だけを特別扱いする理由がない

スピーチ（2分）

Introduction: 結論＋つかみ　15～30秒

「～について、私は（賛成／反対）です／（主張）だと考えます。その理由は2つあります」のように、結論（立場の表明や主張）から入ります。余裕があればつかみとして、トピックに関連する最近のニュースや、自分との関わりなどを追加するとスピーチに厚みが出ます。

Body: 論点＋補足（例など）×1～3組　1分～1分半

冒頭の結論を導く論点を述べます。The first point is, ... / Firstly, ...、My second point is ... / Secondly, ... のようにナンバリングをすると、スピーチの構成が明確になります。「…だからです」のような1文だけでは時間が余るので、具体例を挙げたり、予想し得る反論に言及し反駁したりするなど、補足説明を加えて膨らませましょう。論点は2つあるといいですが、論点1つでも補足説明に説得力があれば合格できますし、もちろん短い論点を3つ並べても構いません。

7

Conclusion: 結論の再表明＋締め　15 〜 30 秒

「以上の理由から、私は〜だと考えます」と冒頭の結論を繰り返してスピーチを締めくくります。時間を過ぎた場合は、言いかけた文だけを終わらせて止めます。

【例】Should Japan stop commercial whaling? (日本は商業捕鯨を禁止するべきか)

Introduction

[結論] I don't think Japan should stop commercial whaling. [ニュースへの言及] I know there's been a lot of protest against it since Japan withdrew from the IWC, the International Whaling Commission. [論点へのつなぎ] But I have two reasons for disagreeing with the ban on whale hunting.

Body

[ナンバリング] The first reason is that whaling has long been an important aspect of Japanese cultural tradition. [例] For example, a town called Taiji, in Wakayama Prefecture, has a 400-year tradition of whaling, and there are many cultural events throughout the year connected with whales. Whaling is also indispensable to its local economy. It's not fair to deprive the local residents of their cultural identity and source of income. As long as it's done in Japanese fishing territory, whaling should be permitted.

[ナンバリング] The second reason is that whales are not special. They're mammals just like cows and pigs. So if it's OK to kill pigs and cows, why can't we treat whales in the same way, as a resource to be used for food? [予想される反論] Some people, especially in Western countries, say that whales should be treated differently because they're highly intelligent, [再反論] but this is hypocritical. Young children and people with brain injuries are less intelligent than whales, but you wouldn't kill them. So you cannot use intelligence as a distinguishing trait.

Conclusion

For those two reasons, [結論の繰り返し] I believe Japan and other whaling countries shouldn't have to stop hunting whales and give up their cultural heritage and traditions.

日本が商業捕鯨をやめるべきだとは思いません。日本がIWC、国際捕鯨委員会を脱退してから多くの抗議があることは知っていますが、私が捕鯨禁止に反対する理由は2つあります。

1つ目の理由は、捕鯨は長らく日本の伝統文化の重要な一部だったということです。たとえば和歌山県の太地という町では捕鯨400年の伝統があり、年間を通じて鯨に関連する文化行事がたくさんあります。捕鯨はこの地域の経済にとっても欠かせないものです。この町の住民から文化的アイデンティティーと収入源を奪うのは不公平です。日本の漁業可能海域内で行う分には捕鯨は認められるべきです。

2つ目の理由は、鯨は特別ではないということです。鯨は牛や豚と同じ哺乳類です。もし牛や豚を殺すのは問題がないのであれば、なぜ鯨は同様に食糧資源として扱ってはいけないのでしょうか。特に西洋諸国には、鯨は非常に頭がいいから別扱いするべきだという人もいますが、これは偽善的です。幼い子供や脳に障害のある人は鯨より知能が劣るけれど殺そうとはしません。ですので、知能を特徴として使うことはできません。

以上の2つの理由から、私は、日本や他の捕鯨国は捕鯨をやめて文化遺産と伝統を捨てるべきではないと考えます。

※スピーチの内容について
二次試験では主張の正しさや知識量が問われているわけではありません。論理に一貫性があり十分な発話量があれば、事実やデータが不正確でも、自分の意見と異なることを話しても、合格することはできます。ただしまったくの嘘ででっちあげを押し通すのはかえって難しいはずです。日ごろから英語メディアを通じて時事知識をインプットし、自分の意見を（英語でも日本語でも）言語化する習慣をつけましょう。

※スピーチの語数について
発音や聞き取りやすさも評価項目の1つです。流暢さは重要ですが、速く話す必要はありません。ネイティブスピーカーの発話速度は、会話では1分間に150語、分かりやすいプレゼンテーションでは100〜120語くらいと言われています。ノンネイティブの我々は、2分間で160〜240語くらいの範囲でスピーチできれば良いでしょう。イントネーションや間の取り方にも気を付けてペース配分しましょう。

本書では二次試験に頻出するトピックを1日1題取り上げ、以下の順序で学習していきます。

Step 1 ▶ Warm-up
① トピックの一般的な論点を短文で読み／聞き、音読する

Step 2 ▶ Listening Quiz
② トピックに関する会話を聞く

③ トピックの論点をクイズ形式で整理する

Step 3 ▶ Outline Your Speech
④ ①③を基に、自分のスピーチをアウトライン化する

Step 4 ▶ Write Your Own Speech
⑤ ④を基に、自分のスピーチ原稿をつくる

⑥ 自分のスピーチ原稿を音読し、ブラッシュアップする

⑦ サンプル・スピーチを読み／聞き、音読する。
　 表現・発音のコツをインプットする

基本知識のインプットからスタートし、議論のポイントをリスニングで学習、さらにクイズで整理できます。論点を自分自身の言葉で再構築しながら自分自身のスピーチ草案を作ることが可能です。このステップで身に付けたスピーチ力やボキャブラリー、ロジックなどは学習者のみなさん自身の関与が十分になされているため、みなさんのからだの中に染み込み定着して、あらゆるテーマのスピーチで応用できる力となってくれるはずです。

1日の日課は4つのStepに分かれています。1つずつ確認していきましょう。

Step 1 ▶ Warm-up

① トピックの一般的な論点を短文で読み／聞き、音読する

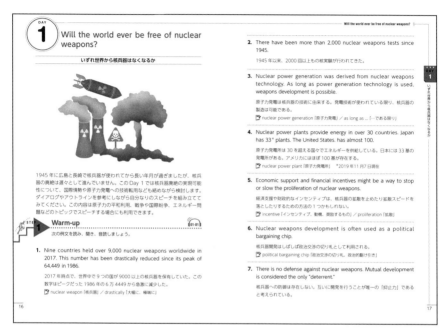

(図1)

　トピックに関する事実・データ・論点・主張などを含んだ英文（和訳と語注付き）を読みます。続いてその音声（p.15参照）を聞き、リピーティングやシャドーイングなどの音読を行って、頭に取り込みます。これによりトピックの概要をつかむことができます（図1）。

Step 2 ▶ Listening Quiz

② トピックに関する会話を聞く
③ トピックの論点をクイズ形式で整理する

　Step 2 では、Warm-up で得た基礎知識を足掛かりとして、トピックに関する男女2人の会話を聞きます。この対話のリスニングが、スピーチ後の質疑応答のイメージトレーニングになるとともに、論点の整理に役立ちます。メモを取り、それぞれの主張を把握しましょう。

　その後、話されていた内容に関する穴埋めクイズ（図2）を解きます。解答を確認したら、スクリプト（図3）を見ながらもう一度会話の音声を聞きましょう。

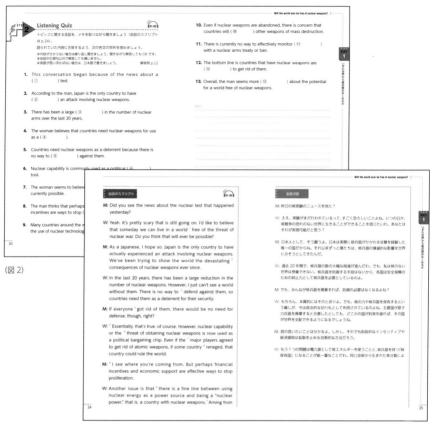

(図 2)

(図 3)

(図 4)

Step 3 ▶ Outline Your Speech

④ ①③を基に、自分のスピーチをアウトライン化する

Step 3 では、Step 1 と Step 2 でインプットした内容を基に、自分のスピーチを組み立てるトレーニングを行います。まずは自分のアイデアの骨子（アウトライン）を英語でメモ書きしましょう（図4左ページ）。「結論→論点1→論点2（→あれば論点3）→結論」の順にアイデアをアウトライン化できるよう、空欄を設けています。最初から英語で書くのが難しい場合には、日本語で書いてから英語に訳します。

右のページではアウトラインのサンプル（英文＋日本語）を掲載しています。アイデアがまとまらない場合、このサンプルを参考にしてください。

Step 4 ▶ Write Your Own Speech

⑤ ④を基に、自分のスピーチ原稿をつくる
⑥ 自分のスピーチ原稿を音読し、ブラッシュアップする
⑦ サンプル・スピーチを読み／聞き、音読する。
表現・発音のコツをインプットする

Step 4 では、Step 3 で書き上げたアウトラインを基にして、スピーチ原稿を書き上げます（図5左ページ）。右ページの「サンプル・スピーチ」の表現も参考にしてください。語数は 160 〜 240 語を目指しましょう。書き込み欄には 1 〜 25 までの行番号が振られています。目安として、各行に 10 語記入すると 20 行で 200 語、25 行で 250 語となります。

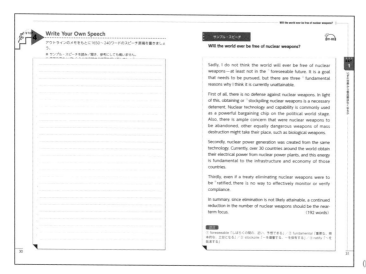

(図5)

　原稿を書き上げたら、声に出して読み上げます。スマートフォンのタイマーなどで制限時間の2分間を計りながら読みましょう。録音して後で聞き返すと、より効果的です。読みづらく引っかかる箇所は表現を変えるなど、原稿をブラッシュアップしていきます。

　「サンプル・スピーチ」も200語程度で書かれているので、音声を聞き、同じように2分間で話すトレーニングを行ってみてください。英語スピーチの構造や、意見の主張の方法、論点の示し方、結論の述べ方などを体得することができます。

（図6）

　Step 4の最後では、「機能表現ワンポイント解説」と題して、サンプル・スピーチからピックアップしたスピーチに役立つ機能表現とその関連フレーズを紹介しています（図6上）。ここで紹介する機能表現は、どんなスピーチを行う際にも有効です。スピーチにバリエーションをもたせるために、表現の引き出しを増やしましょう。

　さらに「発音・発話ワンポイント解説」（図6下）では、サンプル・スピーチの音声を題材に、スピーチのデリバリー（表現法）のヒントを掲載しています。発音、イントネーション、スピード、間の取り方、姿勢や表情まで、スピーチと質疑応答時に気を配るべきポイントをしっかり整理し、スピーチトレーニングを行う際の参考にしてください。

「発音・発話ワンポイント解説」を有効に活用しよう

「伝える、わかり合う」というコミュニケーションの基本姿勢を大切に
英検1級二次試験の面接に限らず、特にフォーマルな場で話すときは、相手にとって聞きやすく、そして、分かりやすく話すことが大切です。本書に収録されたサンプル・スピーチの音声は、こうした基本的な「心構え」を踏まえたものになっています。学習を効果的にするために、ぜひ自分の音読やスピーチ練習を録音して聞き直す癖をつけてください。録音した自分の音読とサンプル・スピーチとを聞き比べ、そっくりマネすることを心掛け、大切な「心構え」を身に着けておきましょう。
「発音・発話ワンポイント解説」では、相手に伝わりやすい英語を話すコツを解説していきますので、音読する際の参考にしてください。　　　　解説：中西哲彦

音声ダウンロードのご案内

本書の学習用音声 (MP3 形式の音声ファイル) は、全て無料提供しています。

ダウンロードにはインターネット接続が必要です。ファイルサイズが大きいため、ダウンロードに時間がかかり、通信料が高額になる場合があります。ブロードバンド環境 (Wi-Fi 環境) でのご利用をお勧めします。

パソコンにダウンロードする方法

1. アルクのダウンロードセンター (https://www.alc.co.jp/dl/) にアクセスしてください。
2. 書名『完全攻略！英検 1 級二次試験』または商品コード (7020021) で検索してください。
3. 該当ページのリンクから zip ファイルをダウンロードし、解凍すると MP3 ファイルが現れます。パソコンの OS によっては圧縮ファイルの解凍ソフト (Lhaplus など) が必要な場合があります。MP3 ファイルはパソコンで聞く他、デジタル音楽プレーヤーやスマートフォンに転送して聞くこともできます。

スマートフォンに直接ダウンロードする方法

1. スマートフォンで App Store (iPhone) か Google Play (Android) にアクセスし、アルクが提供する語学学習用のアプリ「語学のオトモ ALCO」をダウンロード、インストールしてください。(ALCO インストール済みの方は 2 から)

※「語学のオトモ ALCO」の利用は無料です (通信料は別途かかります)。ただしメールアドレス ID のご登録が必要です。詳細は、https://www.alc.co.jp/alco をご覧ください。また、ご利用条件 (https://www.alc.co.jp/policy/other) を必ずご確認いただき、ご同意の上でご利用ください。

2. 「語学のオトモ ALCO」からアルクのダウンロードセンターにアクセスしてください (右下の QR コードを使えば、以下 3 の操作が不要です)。
3. 書名『完全攻略！英検 1 級二次試験』または商品コード (7020021) で検索してください。
4. 該当ページのリンクから zip ファイルをダウンロードしてください。ファイルは自動で解凍され、「語学のオトモ ALCO」で再生できるようになります。

MP3 音声のファイル名

Day ごとに 01 から連番で通し番号が付けられています。

例：Day01_01……1 日目の 1 番目のトラック

　　冊子上の表記 　01-01

再生中に機器に表示されるトラック名 (タグ) は、Day と Step 名が分かるようになっています。

例：Day01_01_Warm-up …… Day 1 の 1 番目のトラック、Warm-up コーナーの音声

Will the world ever be free of nuclear weapons?

いずれ世界から核兵器はなくなるか

1945 年に広島と長崎で核兵器が使われてから長い年月が過ぎましたが、核兵器の廃絶は遅々として進んでいません。この Day 1 では核兵器廃絶の実現可能性について、国際情勢や原子力発電への技術転用なども絡めながら検討します。ダイアログやアウトラインを参考にしながら自分なりのスピーチを組み立ててみてください。この内容は原子力の平和利用、戦争や国際紛争、エネルギー問題などのトピックでスピーチする場合にも利用できます。

 Warm-up

次の例文を読み、聞き、音読しましょう。

1. Nine countries held over 9,000 nuclear weapons worldwide in 2017. This number has been drastically reduced since its peak of 64,449 in 1986.

   2017 年時点で、世界中で 9 つの国が 9000 以上の核兵器を保有していた。この数字はピークだった 1986 年の 6 万 4449 から急激に減少した。

   📝 nuclear weapon「核兵器」／ drastically「大幅に、極端に」

2. There have been more than 2,000 nuclear weapons tests since 1945.

1945年以来、2000回以上もの核実験が行われてきた。

3. Nuclear power generation was derived from nuclear weapons technology. As long as power generation technology is used, weapons development is possible.

原子力発電は核兵器の技術に由来する。発電技術が使われている限り、核兵器の製造は可能である。

📝 nuclear power generation「原子力発電」/ as long as ...「…である限り」

4. Nuclear power plants provide energy in over 30 countries. Japan has 33* plants. The United States has almost 100.

原子力発電所は30を超える国々でエネルギーを供給している。日本には33基の発電所がある。アメリカにはほぼ100基が存在する。

📝 nuclear power plant「原子力発電所」　※2019年11月7日現在

5. Economic support and financial incentives might be a way to stop or slow the proliferation of nuclear weapons.

経済支援や財政的なインセンティブは、核兵器の拡散を止めたり拡散スピードを落としたりするための方法の1つかもしれない。

📝 incentive「インセンティブ、動機、奨励するもの」/ proliferation「拡散」

6. Nuclear weapons development is often used as a political bargaining chip.

核兵器開発はしばしば政治交渉の切り札として利用される。

📝 political bargaining chip「政治交渉の切り札、政治的駆け引き」

7. There is no defense against nuclear weapons. Mutual development is considered the only "deterrent."

核兵器への防御は存在しない。互いに開発を行うことが唯一の「抑止力」であると考えられている。

DAY
1

いずれ世界から核兵器はなくなるか

8. Most people and states understand that the actual use of nuclear weapons is a "no-win" situation.

ほとんどの人々や国家は、核兵器を実際に使用することは何の得にもならないということを理解している。

no-win「何の利益もない、八方塞がりの」

9. As our economies become more globally connected, even isolated or small-scale fallout from a nuclear detonation or accident could have devastating consequences for the planet.

経済が地球規模でさらにつながってきているので、核爆発や核の事故による死の灰（放射性降下物）は、隔絶された場所や小規模なものであっても、地球に破壊的な影響を及ぼし得る。

fallout「(核爆発による) 放射性降下物」／ nuclear detonation「核爆発」／ devastating「破壊的な、壊滅的な」

10. Since the 1980s, scientists have claimed that a nuclear war could destroy life on a massive scale due to "nuclear winter."

1980 年代以来、科学者たちは、核戦争が起きれば「核の冬」によって大量の生命が滅びるかもしれないと主張している。

on a massive scale「大規模に、大量に」／ nuclear winter「核の冬」※核爆発による灰などの微粒子が日光を遮り冬のようになるという説。

11. There is ample concern that were nuclear weapons to be eliminated, something would have to take their place. Biological or other such weapons pose an equal threat to global humanity.

もし核兵器が廃絶されるとすれば、何かが核兵器に取って代わるはずだという懸念は大きい。生物兵器やその他の兵器も地球人類にとって同様の脅威を与える。

ample「大きな」／ were ～ to ...「もし～が…となるならば」※仮定法の倒置構文。／ pose an equal threat「同様の脅威を与える」

12. History has proven that reduction is possible. While that is a positive step, elimination is an entirely different issue.

削減が可能であることは歴史が証明している。削減は建設的な歩みではあるが、廃絶はまったく別の問題だ。

📝 reduction「削減」／ elimination「廃絶」

13. Japan, as the only country to experience an attack involving nuclear weapons, needs to further its efforts to strive for a nuclear-free world.

日本は核兵器が関係する攻撃を経験した唯一の国として、核のない世界に向かっての努力をさらに高めていく必要がある。

📝 further「〜を進める、〜を促進する」／ strive for ...「…に励む、…に向かって努力する」

14. Verification and oversight is a huge hurdle for disarmament. However, advancing technology may make what seems impossible today easy tomorrow.

検証や監視は軍備縮小における大きなハードルとなる。しかし、技術の発達が、今日不可能に思えることを明日には容易にするかもしれない。

📝 verification「検証（兵器削減協定の合意事項が守られているかの確認）」／ oversight「監視、監督」／ disarmament「軍縮、武装解除」

15. Economic disparity, religious intolerance and political differences have caused conflict throughout history. Weapons will always be necessary until the reasons for them are eliminated.

経済格差や宗教的不寛容、そして政治的な違いが、歴史において紛争を生じさせてきた。兵器はその存在理由がなくなるまで永遠に必要となるものだ。

📝 disparity「不均衡」／ intolerance「不寛容、偏狭」／ conflict「紛争、戦争」

16. Reduction should be the short-term goal, and hopefully elimination will be the eventual outcome.

削減は短期的な目標とするべきであり、それがいつか廃絶という成果につながっていくことが望ましい。

Listening Quiz

01-02

トピックに関する会話を、メモを取りながら聞きましょう（会話のスクリプト
は p.24）。

語られていた内容に合致するよう、次の各文の空所を埋めましょう。

※内容が分からない場合は繰り返し聞きましょう。聞きながら解答しても OK です。
※会話中の語句以外で解答しても構いません。
※英語が思い浮かばない場合は、日本語で書きましょう。　　　　　　解答例 p.22

1. This conversation began because of the news about a
   (① 　　　　) test.

2. According to the man, Japan is the only country to have
   (② 　　　　) an attack involving nuclear weapons.

3. There has been a large (③ 　　　) in the number of nuclear
   arms over the last 20 years.

4. The woman believes that countries need nuclear weapons for use
   as a (④ 　　　).

5. Countries need nuclear weapons as a deterrent because there is
   no way to (⑤ 　　　) against them.

6. Nuclear capability is commonly used as a political (⑥ 　　　)
   tool.

7. The woman seems to believe that total (⑦ 　　　) is not
   currently possible.

8. The man thinks that perhaps economic support and other financial
   incentives are ways to stop (⑧ 　　　).

9. Many countries around the world generate (⑨ 　　　) through
   the use of nuclear technology.

10. Even if nuclear weapons are abandoned, there is concern that
countries will (⑩   ) other weapons of mass destruction.

11. There is currently no way to effectively monitor (⑪   )
with a nuclear arms treaty or ban.

12. The bottom line is countries that have nuclear weapons are
(⑫   ) to get rid of them.

13. Overall, the man seems more (⑬   ) about the potential
for a world free of nuclear weapons.

Memo

① nuclear
② experienced
③ reduction
④ deterrent
⑤ defend
⑥ bargaining
⑦ disarmament
⑧ proliferation
⑨ electrical power
⑩ develop
⑪ compliance
⑫ afraid
⑬ optimistic

クイズ英文の訳

1. この会話は（①核）実験のニュースをきっかけに始まった。

2. 男性によると、日本は核兵器がかかわる攻撃を（②経験した）唯一の国である。

3. 過去20年間で核兵器数の大幅な（③削減）があった。

4. 女性は、国々は核兵器を（④抑止力）として利用するために必要としていると思っている。

5. 国々が核兵器を抑止力として必要とするのは、核兵器を（⑤防御する）方法がないためである。

6. 核の力はよく政治的な（⑥交渉）手段として利用される。

7. 女性は完全な（⑦軍備の撤廃）は現状では不可能だと思っているようだ。

8. 男性は、経済的な支援やその他の財政的なインセンティブが（⑧拡散）を防ぐ方法であろうと考えている。

9. 世界中の多くの国が核技術を利用して（⑨電力）を生み出している。

10. たとえ核兵器が廃絶されたとしても、国々が他の大量破壊兵器を（⑩開発する）懸念がある。

11. 現状、核兵器条約や禁止の（⑪順守）を効果的に監視する方法はない。

12. 結局のところ、核保有国は核を廃絶することを（⑫恐れて）いる。

13. 全体的に言えば、男性の方が核兵器のない世界へと向かう可能性について、より（⑬楽観的）なようだ。

M: Did you see the news about the nuclear test that happened yesterday?

W: Yeah. It's pretty scary that is still going on. I'd like to believe that someday we can live in a world [1] free of the threat of nuclear war. Do you think that will ever be possible?

M: As a Japanese, I hope so. Japan is the only country to have actually experienced an attack involving nuclear weapons. We've been trying to show the world the devastating [2] consequences of nuclear weapons ever since.

W: In the last 20 years, there has been a large reduction in the number of nuclear weapons. However, I just can't see a world without them. There is no way to [3] defend against them, so countries need them as a deterrent for their security.

M: If everyone [4] got rid of them, there would be no need for defense, though, right?

W: [5] Essentially, that's true, of course. However, nuclear capability or the [6] threat of obtaining nuclear weapons is now used as a political bargaining chip. Even if the [7] major players agreed to get rid of atomic weapons, if some country [8] reneged, that country could rule the world.

M: [9] I see where you're coming from. But perhaps financial incentives and economic support are effective ways to stop proliferation.

W: Another issue is that [10] there is a fine line between using nuclear energy as a power source and being a "nuclear power," that is, a country with nuclear weapons. [11] Arising from

会話の訳

M: 昨日の核実験のニュースを見た？

W: ええ。実験がまだ行われているって、すごく恐ろしいことよね。いつの日か、核戦争の恐れのない世界に生きることができることを信じたいわ。あなたはそれが実現可能だと思う？

M: 日本人として、そう願うよ。日本は実際に核兵器がかかわる攻撃を経験した唯一の国だからね。それ以来ずっと僕たちは、核兵器の壊滅的な影響を世界に示そうとしてきたんだ。

W: 過去20年間で、核兵器の数の大幅な削減が進んだわ。でも、私は核のない世界は想像できない。核兵器を防御する手段はないから、各国は安全保障のための抑止力として核兵器を必要としているのよ。

M: でも、みんなが核兵器を廃棄すれば、防御の必要はなくなるよね？

W: もちろん、本質的にはそのとおりよ。でも、核の力や核兵器を保有するという脅しが、今は政治的な切り札として利用されているのよね。主要国が原子力兵器を廃棄すると合意したとしても、どこかの国が約束を破れば、その国が世界を支配できるようになるでしょうね。

M: 君の言いたいことは分かるよ。しかし、それでも財政的なインセンティブや経済援助は拡散を止める効果的な方法だろう。

W: もう1つの問題は電力源として核エネルギーを使うことと、核兵器を持つ「核保有国」になることが紙一重なことだわ。同じ技術から生まれた核分裂によ

the same technology, generating power by [12] nuclear fission is the norm for dozens of countries.

M: While I think global nuclear disarmament is a goal we must all strive for, I worry about what that might lead to. Instead of peace, it may cause countries to use or develop other weapons of mass destruction, like biological weapons.

W: Wow! I've never really thought about that.

M: Like you mentioned before, even if there is an agreement to abandon nuclear weapons, there is currently no way to effectively monitor or ensure [13] compliance by everyone involved.

W: The bottom line is the countries that have them are afraid to give them up. The countries that don't have nuclear weapons want them and the [14] geopolitical power they represent.

る発電は、多くの国にとって普通のことなんだもの。

M: 地球規模の核の廃絶は僕たちみんなが努力して追い求めるべき目標だとは思うけど、僕はその結果として起こるかもしれないことが心配なんだ。平和が実現されるのではなく、国々が生物兵器のような別の大量破壊兵器を使ったり開発したりするようになるかもしれない。

W: へえ！ それはまったく考えたことなかったわ。

M: 前に君が言ったように、たとえ核放棄の合意があるとしても、現状では効果的に監視し、関わっているすべての国にきちんと約束を順守させる方法はないんだよ。

W: 結局のところ、核を持っている国々は放棄することを恐れている。核を持っていない国は、核と、それが与えてくれる地政学的な力を欲しているのよ。

語注

① free of ... 「…のない、…から自由な」
② consequence 「影響、結果」
③ defend 「防ぐ、防御する」
④ get rid of ... 「…を廃棄する」
⑤ essentially 「本質的に、基本的に」
⑥ threat of -ing 「…するという脅し・脅迫」
⑦ major player 「主要国」
⑧ renege 「約束などを破る、取り消す」
⑨ I see where you're coming from. 「あなたの言いたいことは分かる」
⑩ there is a fine line between A and B 「A と B は紙一重だ」
⑪ arise from ... 「…から生じる」
⑫ nuclear fission 「核分裂」
⑬ compliance 「順守すること」
⑭ geopolitical power 「地政学的な力」※ここでは地理的空間や国際政治環境などに関連する国力を指す。

Outline Your Speech

STEP 3

スピーチの骨子 (アウトライン) を作ります。
トピックに関する自分のアイデアをアウトライン化しましょう。

※ Step 1 と Step 2 を参考にしましょう。
※ 完全な文でなくても構いません。
※ 日本語で書いてから英訳しても構いません。
※ アイデアを思いつかない場合は右ページを参考にしましょう。

ト ピ ッ ク

Will the world ever be free of nuclear weapons?
いずれ世界から核兵器はなくなるか

Conclusion
結論

Point 1
論拠 1

＋補足

Point 2
論拠 2

＋補足

Point 3
論拠 3

＋補足

Conclusion [reprise]
結論【再】

アウトライン・サンプル

Conclusion

結論　At least for the foreseeable future, the global
abandonment of nuclear weapons is impossible.
少なくとも近い将来に地球規模の核廃絶は不可能だ。

いずれ世界から核兵器はなくなるか

Point 1

論拠1　Nuclear capability is a necessary political tool.
核能力は必要な政治的ツールだ。

　＋補足

　　There is no defense, so nuclear capability is the only deterrent.
　　防衛の手段はないので、核の能力のみが抑止力だ。

Point 2

論拠2　The same technology is indispensable for generating
power.
同じ技術が発電に不可欠だ。

　＋補足

　　About 30 countries worldwide have hundreds of nuclear power
plants.
　　世界の約30カ国が数百もの原子力発電所を保有している。

Point 3

論拠3　Currently, there's no way to effectively monitor or verify
disarmament.
現状、武装解除を効果的に監視したり、検証したりする方法はない。

　＋補足

　　Even if an agreement could be reached, there's no way to
ensure compliance.
　　合意に達したとしても順守を確実にする方法はない。

Conclusion [reprise]

結論【再】　Since elimination is likely unattainable, reduction should
be the focus.
廃絶は困難であるから、削減を焦点とすべきだ。

Write Your Own Speech

アウトラインのメモをもとに160〜240ワードのスピーチ原稿を書きましょう。

※ サンプル・スピーチを読み／聞き、参考にしても構いません。
※ 原稿を書き上げたら2分で音読する練習を繰り返しましょう。

```
1
2
3
4
5
6
7
8
9
10
11
12
13
14
15
16
17
18
19
20
21
22
23
24
25
```

01-03

Will the world ever be free of nuclear weapons?

Sadly, I do not think the world will ever be free of nuclear weapons — at least not in the [①] foreseeable future. It is a goal that needs to be pursued, but there are three [②] fundamental reasons why I think it is currently unattainable.

First of all, there is no defense against nuclear weapons. In light of this, obtaining or [③] stockpiling nuclear weapons is a necessary deterrent. Nuclear technology and capability are commonly used as a powerful bargaining chip on the political world stage. Also, there is ample concern that were nuclear weapons to be abandoned, other equally dangerous weapons of mass destruction might take their place, such as biological weapons.

Secondly, nuclear power generation was created from the same technology. Currently, over 30 countries around the world obtain their electrical power from nuclear power plants, and this energy is fundamental to the infrastructure and economy of those countries.

Thirdly, even if a treaty eliminating nuclear weapons were to be [④] ratified, there is no way to effectively monitor or verify compliance.

In summary, since elimination is not likely attainable, a continued reduction in the number of nuclear weapons should be the near-term focus. (192 words)

DAY
1

いずれ世界から核兵器はなくなるか

5

10

15

20

語注
① foreseeable「しばらくの間の、近い、予想できる」／② fundamental「重要な、根本的な、土台となる」／③ stockpile「〜を備蓄する、〜を保有する」／④ ratify「〜を批准する」

悲しいことですが、世界から核兵器がなくなることはないと思っています — 少なくとも近い将来にはないでしょう。核廃絶は追求すべき目標ですが、現状では達成できないと思う根本的な理由が 3 つあります。

第 1 に、核兵器に対する防御手段はありません。このため、核兵器の獲得や備蓄は必要な抑止力となっているのです。核の技術と力は政治の世界では強力な交渉の切り札としてよく用いられています。また、もし核兵器が廃絶されたとしたら、生物兵器のような、核兵器と同等に危険な他の大量破壊兵器が核兵器に取って代わる可能性も十分あります。

第 2 に、原子力発電は同じ技術から生み出されました。現在、世界中の 30 を超える国々で原子力発電所から電力を獲得していて、このエネルギーがこうした国々の社会基盤や経済の土台となっています。

第 3 に、たとえ核兵器廃絶の条約が批准されたとしても、効果的に監視したり、順守を検証したりする方法はないのです。

要約すると、廃絶は達成できそうにはないため、核兵器数の継続的な削減が短期的な焦点となるべきなのです。

機能表現　ワンポイント解説

「順序立てて話す」

　サンプル・スピーチの第2～第4パラグラフでは、First of all, ...「第1に…」、Secondly, ... 「第2に…」、Thirdly, ... 「第3に…」という表現を用いることで、自分のロジックを順序立てて説明しようとしています。このように順序立てながら話を進めることで、スピーチの論点が聴衆に伝わりやすくなります。その他の順序立てて話すための表現をチェックしておきましょう。

First off, ... （最初に）、　　The first reason is ... （最初の理由は）
Second, ... （2つ目として）、　The next reason is ... （次の理由は）
Finally, （最後に）、　　　　The last point is ... （最後のポイントは）

● **First off,** to me, facial recognition represents a violation of personal privacy.
　まず、私にとっては、顔認証システムは個人のプライバシーの侵害を意味します。
● **The first reason is** that people have become addicted to cellphones and tablets.
　最初の理由は、人々が携帯電話やタブレットに依存するようになっていることです。
● **Second,** I personally think it is the parents' responsibility to discipline their children, not the teachers'.
　第2に、子どもをしつけるのは先生ではなく親の責任であると個人的には考えています。
● **Finally,** some people come to Japan as tourists in order to immigrate illegally.
　最後に、不法に移住するために旅行者として日本にやってくる人々もいるのです。

語注 addicted「依存して」／ discipline「～をしつける」／ immigrate「移民として移住する」

発音・発話　ワンポイント解説

発音は"筋肉"を鍛えることから

　相手に分かりやすく話すには、ある程度の声量も大切ですが、口、舌の動きを操る筋肉を鍛える必要があります。world (l.1)※、weapon (l.2)、power (l.12) の3語で、w の口の形をつくる練習をしましょう。日本語の「ウ」の音や、「ワ」を発話する最初の音よりも、唇はすぼめ硬くして、それから弛緩して、と意識して練習しましょう。equally [iːkwəli] (l.10) を発音してみて、サンプル音声と比べてみるとよいでしょう。

※ l. は、見出しを含まずサンプル・スピーチ中の初出の行数を表します（段落間の空きはカウントせず）。

DAY 2

Agree or disagree: Artificial intelligence will change the world for the better

---

賛成か反対か：人工知能は世界をより良く変える

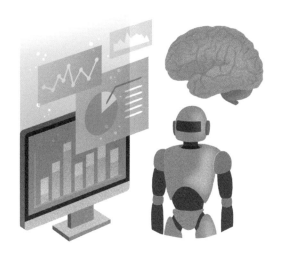

人工知能 (artificial intelligence) とは、膨大な量のデータ解析を瞬時に行い、人間の脳に類似した思考、分析、判断をするコンピューター技術のことです。現在では科学技術研究や経済活動の多様な分野で応用されています。Day 2 で押さえた論点は、コンピューターやテクノロジー関連のトピックにも応用できます。

 STEP 1

Warm-up

 02-01

次の例文を読み、聞き、音読しましょう。

1. AI stands for "artificial intelligence," and it refers to the intelligence exhibited by computers that is achieved by imitating the various capabilities and functions of the human brain.

AI は Artificial Intelligence (人工知能) を表し、人間の脳のさまざまな能力や機能を模倣することで獲得された、コンピューターが示す知性を指す。

exhibit「～を示す」／ imitate「～を模倣する」／ function「機能」

2. AI is not a new concept. One of the first scientific papers on AI was written in 1956.

AI は新しい概念ではない。AI に関する初期の科学論文の 1 つは 1956 年に著された。

📑 concept「概念」／ scientific paper「科学論文」

賛成か反対か：人工知能は世界をより良く変える

3. Facial and voice recognition is already being used in a wide variety of fields, from law enforcement to personal assistant software like Amazon's Alexa or Apple's Siri.

顔認識や音声認識は、警察の取り締まりから、Amazon 社の Alexa、Apple 社の Siri のようなパーソナルアシスタントソフトウェアまで、幅広い分野ですでに利用されている。

📑 facial and voice recognition「顔認識と音声認識」／ law enforcement「(警察による)取り締まり」／ Alexa、Siri ※どちらも音声認識型のパーソナルアシスタントサービス。

4. AI robots are already being used to write articles on news media platforms.

AI ロボットは、すでにニュースメディアプラットホームで記事を書くことに利用されている。

📑 news media platform ※ニュースなどを掲載する機能を備えた SNS や掲示板などのサービス。

5. Facebook, a social networking service company, is developing AI to better understand user emotions, identify objects in photos and predict user activity.

ソーシャル・ネットワーキング・サービス企業の Facebook は、ユーザーの感情をさらによく理解し、写真の中の物を特定することでユーザーの行動を予測する AI を開発している。

📑 Facebook ※世界最大のソーシャル・ネットワーキング・サービス (SNS) とその運営企業の名称。

6. Robots with AI are already capable of repairing themselves, without being programmed to do so. This shows the capabilities of AI-powered robots that, without any help from humans, can continue to operate continuously and independently.

AI を搭載したロボットは、そうプログラミングされていなくても、すでに自己修復が可能である。これは、人間の手助けが一切なくても、継続的かつ自立的に動き続けることができる AI ロボットの能力を示す。

7. AI is a way to streamline businesses to be more efficient and cost-effective.

AI は企業経営を合理化し、より効率的に、より費用対効果を高くするための 1 つの手段だ。

📝 streamline「〜を合理化する」／ cost-effective「費用対効果の高い」

8. AI is expected to handle 85 percent of all customer-service interactions by the end of the next decade.

次の 10 年の終わりまでに、AI は全顧客サービスのやりとりの 85 パーセントを処理すると予想されている。

9. AI development is expected to lead to completely driverless transportation by 2050.

AI の発達によって、2050 年までに、完全自動運転の輸送手段が実現すると予想されている。

📝 driverless「運転手が不要な＝自動運転の」

10. In 2013, AI had the intelligence of a 4-year-old human. By 2030, the intelligence of AI is expected to surpass that of humans.

2013 年に AI は 4 歳児の知能を持っていた。2030 年までに、AI の知能は人類を追い越すと予測されている。

📝 surpass「〜をしのぐ」

11. It is possible that AI could cause a loss of jobs. Some sources predict that 38 percent of U.S. jobs will be vulnerable to AI over the next 15 years.

AI が失業を引き起こす可能性がある。一部の情報筋は、アメリカの仕事の 38 パーセントが今後 15 年の間に AI の影響を受けるだろうと予測している。

📝 loss of job「仕事を失うこと、失業」／ source「情報筋」／ vulnerable「不安定な、影響を受けやすい」

---

12. AI could be used to collect and exploit personal data.

AI は個人情報を収集し悪用するために利用される可能性がある。

📝 exploit「～を私的目的で使う、～を悪用する」

---

13. In 2015, several scientists wrote an open letter to the scientific community, urging people not to create something that could not be controlled. World-renowned physicist Steven Hawking and OpenAI startup genius Elon Musk were among those who signed the letter.

2015 年に、数名の科学者たちが科学者のコミュニティーに対する公開書簡を書き、その中で、コントロール不能なものを人々が創造しないよう促した。その書簡に署名した者には、世界的に有名な物理学者であるスティーヴン・ホーキングや OpenAI 創業の天才イーロン・マスクが含まれていた。

📝 open letter「公開書簡」／ OpenAI ※マスクが設立にかかわった、人工知能を研究する非営利団体。／ startup「創業、操業の開始」

---

14. Weapons equipped with artificial intelligence are being developed by the U.S., Russia and China, among other countries. Such AI-based weapons could arbitrarily make decisions that may lead to loss of life and destruction of property.

AI 搭載兵器は特にアメリカ、ロシア、中国などで開発されている。そういった AI を基とした兵器は、殺人や器物の損壊につながる可能性のある判断を独自に行うことが可能である。

📝 arbitrarily「独断で」

STEP 2

Listening Quiz

トピックに関する会話を、メモを取りながら聞きましょう(会話のスクリプトは p.42)。

語られていた内容に合致するよう、次の各文の空所を埋めましょう。

※内容が分からない場合は繰り返し聞きましょう。聞きながら解答しても OK です。
※会話中の語句以外で解答しても構いません。
※英語が思い浮かばない場合は、日本語で書きましょう。　　　　　　解答例 p.40

1. In the discussion, the woman has more reservations about the development and application of AI than the man does. There are three reasons why the woman is concerned. The first thing she worries about is that AI would replace human labor, which could lead to substantial (① 　　　　　　).

2. Second is a (② 　　　　　) problem. AI needs a large amount of personal (③ 　　　　　) to work out solutions. There is no guarantee that the (③ 　　　　　) will not be misused.

3. Third is that AI someday might be able to (④ 　　　　　) us.

4. On the other hand, the man is rather optimistic about the future of AI. He believes the (⑤ 　　　　　) that AI represents is limitless.

5. He gave some examples of the ways in which AI is already being applied. First is ad targeting, where AI analyzes a user's personal preferences and shows only relevant (⑥ 　　　　　).

6. The woman then mentions the chatbots that already handle a large share of (⑦ 　　　　　).

7. A third application is better (⑧ 　　　　　), where AI determines, optimal routes based not only on GPS data but also on real-time data regarding traffic congestion or accidents.

8. The man thinks in the future there will be (⑨   )
such as planes that don't need pilots and automobiles that can
drive themselves.

9. Although the man admits that AI has some (⑩   ), he says
its (⑪   ) will outweigh any negative consequences.

10. He doesn't think AI will lead to massive (①). Instead it
will only improve (⑫   ) in the workforce and will free up
workers to do more complex or creative things.

11. He says there must be some kind of (⑬   ) and
transparency, both legally and scientifically, to prevent the misuse
of AI by the (⑭   ).

DAY
2

賛成か反対か：人工知能は世界をより良く変える

Memo
_____
_____
_____
_____
_____
_____
_____
_____
_____
_____
_____
_____
_____
_____
_____

① job losses / unemployment
② privacy
③ data
④ outthink
⑤ potential
⑥ ads/advertisements (on the internet)
⑦ customer service
⑧ car navigation systems
⑨ autonomous vehicles
⑩ downsides/problems
⑪ benefits/advantages
⑫ efficiency
⑬ oversight/supervision
⑭ powers that be

クイズ英文の訳

1. このディスカッションでは、AI の発達や利用に関して、男性よりも女性の方が不安を抱いている。女性が心配している理由は 3 つある。最初の心配は、AI が人間の労働力に取って代わるかもしれず、それが相当な規模の(①失業)につながるかもしれないことだ。

2. 2つ目は(②プライバシー)の問題だ。AIは解決策を導くために大量の個人(③データ)を必要とする。(③データ)が悪用されないという保証はない。

3. 3つ目は AI がいつか私たちを (④追い越す) 可能性がある点だ。

4. 一方で、男性は AI の将来に関してかなり楽観的だ。AI が示す (⑤可能性) には際限がないと思っている。

5. 彼はすでに AI が利用されている方法の例をいくつか示している。1 つ目はターゲット広告だ。ターゲット広告では、AI が利用者個人の好みを分析して関連性の高い (⑥ [インターネット] 広告) のみを見せる。

6. 女性はそれから（⑦カスタマーサービス）のかなりの部分を処理しているチャットボットに言及している。

7. 3つ目のアプリケーションは、AIがGPSデータのみでなく、交通渋滞や事故に関するリアルタイムデータにも基づき最適なルートを判断する、より良い（⑧カーナビゲーションシステム）だ。

8. 男性は将来、パイロット不要の飛行機や、自力で運転操作を行う自動車といった（⑨自動運転の乗り物）が出現するだろうと考えている。

9. 男性はAIにはいくらかの（⑩欠点／問題）が存在すると認めながらも、AIの（⑪利点）は負の影響を上回ると話している。

10. 彼はAIが大量の（①失業）をもたらすとは考えていない。それよりも、AIはもっぱら労働の（⑫効率性）を改善し、労働者を解放して、より複雑で創造的なことを行えるようにするだろうと考えている。

11. 彼は、（⑭権力）によるAIの悪用を防ぐために、法律的にも科学的にも何らかの（⑬監視）や透明性がなければならないと話している。

M: Did you see that documentary special about AI last night on TV? It was amazing! I didn't know that AI technology was advancing so quickly!

W: I watched it, too. I found it to be quite scary. I think we have already ①given up too much of our time and decision-making to computers. What was your take on it?

M: The potential that AI ②represents is limitless! What has already been accomplished is incredible. ③Voice-activated speakers and home appliances are a booming trend. And they are just the tip of the iceberg.

W: I agree that it can be a useful tool. But on the other hand, I am concerned about the downsides that you don't hear much about. Like the impact on the workforce, for example. Some predictions say that eventually AI will cut the number of jobs in half!

M: ④Of course, robots and the implementation of AI will lead to more efficiency and thereby downsizing, but ⑤proponents say that will just free up workers to do other, more complex things.

W: There are other issues that ⑥give me pause. AI requires a large amount of data to function, and I wonder if that collection of personal data might lead to an invasion of privacy or the ⑦misuse of private information.

M: True, the collection of data is essential to AI and its functions. It can be convenient, but it bothers me when I buy something online and then I see nothing but ads for similar products

会話の訳

M: 昨夜の AI に関するドキュメンタリースペシャルをテレビで見たかい？ 素晴らしかったよね！ AI 技術がものすごい速度で進歩しているのを知らなかったよ！

W: それ、私も見たわ。私はすごく恐ろしいと思ったの。あまりにも多くの時間と判断をコンピューターに譲ってしまっていると思う。その点はあなたはどう思った？

M: AI が提示する可能性には際限がないよ！ すでに成し遂げられたことだって信じられないね。音声で起動するスピーカーや家電は大流行しているよね。それもほんの氷山の一角だし。

W: AI が役立つツールになり得ることには同意するわ。でも一方で、あまり耳にしないマイナス面が気掛かりなの。例えば、雇用への強い影響とか。ゆくゆくは AI が仕事の数を半分にしてしまうという予想もあるのよ！

M: もちろん、ロボットや AI の導入は効率性の向上につながって、それが人員削減にもつながることになるだろうけど、賛成派は、それはただ労働者を自由にして、他の、より複雑なことをできるようにするだけだと主張しているよ。

W: 私をためらわせる問題は他にもあるのよ。AI は機能するために大量のデータを必要とするでしょう。そういった個人情報の収集がプライバシーの侵害や個人情報の悪用につながるかもしれないと思うの。

M: そうだね、データ収集は AI やその機能にとって不可欠だからね。便利なのかもしれないけど、インターネットで何かを買って、その後、似たような製品の広告ばかりを 1 週間ずっと見せられるとイラつくよね！ でも、それっ

all week! But is that really worse than having your regular mailbox full of paper coupons and advertisements that you have to just throw away?

W: You definitely have a point there. I didn't think about that. I must admit I do like being able to use [8] chatbots instead of calling customer service and waiting on the phone to speak to the right person when I need help.

M: And those are the simple things where AI is already helping. Driving directions through GPS can include real-time traffic and accident data as well, making driving much safer. In the very near future, AI will enable cars to drive themselves and planes to fly themselves.

W: I'm just concerned about [9] oversight. Who can say that computers will not be able to [10] outthink us? Our dependence on them now is terrifying. Who is going to protect the average person from abuse by [11] the powers that be?

M: I agree that there must be some kind of oversight and [12] transparency, both legally and scientifically. But I don't think sci-fi movie plots should [13] impede such a wonderful and meaningful technology from being developed and applied.

W: After watching that show, I want to learn more about AI and its current and future applications. I'm worried I won't understand much, though.

M: In the end, it is just math, but, hey, you can always ask Alexa!

て君の家の郵便受けが、捨てるしかないクーポンや広告でいっぱいになることよりも悪いことなのかな？

W: それは確かにそうね。考えてなかったわ。正直に言えば、手助けが必要なときに、カスタマーサービスに電話して妥当な人物と話すために電話口で待つ代わりに、チャットボットを利用できるのはすごくいいことよね。

M: そういうことって、すでに AI が手伝ってくれている分野ではシンプルな方なんだよ。GPS を使った道案内はリアルタイムの交通データや事故データなんかも含むことができるから、運転はさらにずっと安全になる。非常に近い将来、AI によって、自動運転の車や自動飛行する飛行機が実現するんだ。

W: 私は監視に関してちょっと心配しているの。コンピューターがいつか私たちの頭脳を追い越さないなんて、誰が言えるの？ 私たちのコンピューター依存はひどいことになっているのよ。誰が一般人を、社会的権力者の権力乱用から守ってくれるのかしら？

M: 法的にも科学的にも、ある種の監視や透明性があるべきだということには同意するよ。しかし、SF 映画の陰謀論（のような考え方）が、こんなに素晴らしく意義深いテクノロジーの発展や応用を妨げてはいけないと思うんだ。

W: あの番組を見た後、AI やその現在や将来の活用についてもっと勉強したくなったの。そんなに理解できないかもって心配はあるけど。

M: しょせん、ただの計算だよ。でもさ、いつだって Alexa に聞けるよ！

語注

① give up A to B「A を B に引き渡す」
② represent「～を象徴する、～を象徴的に提示する」
③ voice-activated「音声で起動される」
④ Of course A but B.「もちろん A だが B」※譲歩しながら主張を行う表現。
⑤ proponent「擁護者、賛成派」
⑥ give ... pause「…に懸念を抱かせる、…を躊躇させる」
⑦ misuse「悪用」
⑧ chatbot「チャットボット」※テキストや音声でチャットする自動応答プログラム。
⑨ oversight「監督、監視」
⑩ outthink「～（の頭脳）を追い抜く、～よりも深く考える」
⑪ the powers that be「社会的権力」
⑫ transparency「透明性」
⑬ impede「～を遅らせる、～の邪魔をする」

Outline Your Speech

スピーチの骨子（アウトライン）を作ります。

トピックに関する自分のアイデアをアウトライン化しましょう。

※ Step 1 と Step 2 を参考にしましょう。
※ 完全な文でなくても構いません。
※ 日本語で書いてから英訳しても構いません。
※ アイデアを思いつかない場合は右ページを参考にしましょう。

トピック

Agree or disagree: Artificial intelligence will change the world for the better

賛成か反対か：人工知能は世界をより良く変える

Conclusion
結論

Point 1
論拠 1

＋補足

Point 2
論拠 2

＋補足

Point 3
論拠 3

＋補足

Conclusion [reprise]
結論【再】

アウトライン・サンプル

Conclusion

結論   <u>Agree.</u> The development and implementation of AI will be a great benefit to society.

賛成。AIの発達や利用は社会に大きな利益となる。

賛成か反対か…人工知能は世界をより良く変える

Point 1

論拠1   AI will increase work efficiency and eliminate mistakes.

AIは仕事の効率を高め、ミスを排除する。

＋補足

The idea that jobs will be lost is incorrect.

仕事が減るというのは誤った認識だ。

Point 2

論拠2   AI will make things safer.

AIはいろいろなことについて安全性を高める。

＋補足

By eliminating mistakes, AI will make transportation safer.

AIはミスを減らすことで、輸送の安全性を高める。

Point 3

論拠3   AI is not a threat to humanity.

AIが人類の脅威になることはない。

＋補足

Humans can use oversight to diminish threats.

人間は監視によって脅威を排除できる。

Conclusion [reprise]

結論【再】 The benefits of AI far outweigh the potential negatives.

AIがもたらす利益は、潜在的な不利益をはるかにしのぐ。

STEP 4

Write Your Own Speech

アウトラインのメモをもとに160〜240ワードのスピーチ原稿を書きましょう。

※ サンプル・スピーチを読み／聞き、参考にしても構いません。
※ 原稿を書き上げたら 2 分で音読する練習を繰り返しましょう。

1
2
3
4
5
6
7
8
9
10
11
12
13
14
15
16
17
18
19
20
21
22
23
24
25

サンプル・スピーチ

02-03

Agree or disagree: Artificial intelligence will change the world for the better

In general, I believe that the continued development and utilization of AI — artificial intelligence — represents a positive [1] leap forward and will greatly benefit society.

The first benefit AI can provide is efficiency. Machines do not make mistakes, get tired or quit. Some critics think this will lead to a loss of jobs, but the same has been said about machines in general over the last 100 years. Instead, new jobs and entirely new businesses have been created.

The second advantage to society AI can provide is safety. Cameras and software already provide aids to drivers and pilots now, and [2] autonomous cars, planes and trains will be coming soon. AI can [3] take human error out of the equation and make transportation of all kinds safer.

In today's society, humans are, in general, dependent on computers. What was once thought only possible in science fiction is becoming a reality. Some scientists in the field have claimed AI could be a threat to the human race. However, that outcome can be controlled through transparency and legal oversight.

I believe that not only is AI here, it [4] is here to stay. And the benefits it offers far outweigh any negatives. (196 words)

語注
① leap forward 「躍進、飛躍」／② autonomous 「自立した、独立した」／③ take ... out of the equation「…を除外する」※ equation は「方程式」／④ be here to stay「永続的になる、定着する」

私は概して、AI、すなわち人工知能の継続的な開発利用はポジティブな飛躍を提供し、社会に大きな利益をもたらしてくれると思っています。

AI が与えてくれる最初のメリットは効率です。機械はミスをしたり疲れたり、辞めたりはしません。これが失業につながると考える批評家もいますが、機械一般に関しても、過去 100 年間、同じことが言われてきました。しかしむしろ新しい仕事やまったく新しいビジネスが創造されてきたのです。

AI が社会に与えてくれる第 2 の利点は安全です。今では、カメラやソフトウェアは、もうすでにドライバーやパイロットの支援をしていますし、自立して動く自動車や飛行機、電車は、間もなく現れることでしょう。AI によって人為的なミスは考慮から外せるようになり、あらゆる輸送はより安全になるのです。

今日の社会において、一般的に人類はコンピューターに頼っています。かつては SF の中でだけ可能であると思われていたことが、現実となりつつあるのです。この分野の一部の科学者は、AI は人類の脅威となり得ると主張しています。しかしながら、その結末は透明性や法的な監視によってコントロールし得るものです。

AI は今ここにあるだけでなく、定着すると思っています。そして、AI が与えてくれる利益はどんな不利益をもはるかに上回るものなのです。

機能表現　**ワンポイント解説**

「引用して話す」

　自分の意見を主張するために違う立場の意見を引き合いに出すことは、スピーチの常套テクニックです。その際に便利な言い方が、Some people say/claim/think ... などの文。このサンプル・スピーチでも、Some critics think ...「批評家の一部は…だと考えている」、Some scientists in the field have claimed ...「この分野の科学者の一部は…と主張している」という文が使われています。

● **Some scientists claim that** rising sea levels cannot be averted.
科学者の一部は、海水面の上昇は避けられないと主張しています。

● **Some people think that** artificial intelligence will doom mankind.
一部の人たちは、AI が人類を滅亡させると考えています。

● **Some scholars contend that** space colonization will never be possible.
学者の一部は、宇宙への入植は決して実現しないと強く主張しています。

● **Most people agree that** smoking is bad for one's health.
ほとんどの人は、喫煙が健康に良くないことに同意しています。

● **Many doctors maintain that** e-cigarettes need more regulation.
多くの医師が、電子タバコはさらなる規制が必要だと主張しています。

● **Several leading economists insist that** a depression is looming.
数名の一流経済学者たちは、不況が迫っていると主張しています。

語注 doom「～を破壊する、～を滅亡させる」／ loom「不気味に迫る」

発音・発話　**ワンポイント解説**

f、v、th の音にフォーカスして練習しよう

　これらの音の出し方は、ご存じですよね。録音した自分の音読を聞き直してみてください。The first benefit AI can provide is efficiency.(l.4) 、And the benefits it offers far outweigh any negatives.(l.20) と、相手に分かりやすく発音されているでしょうか。far なら、① f の口の形をつくる、② 3 つ数える間、f の音を出し続ける、③そこから ar とつなげて発音する、という要領で、補強練習をすると筋肉が鍛えられ、とっさに正しい音が出せるようになります。v、th も同じように練習してみてください。th の発音では、特に thought (l.15)、threat (l.17) に注意しましょう。

DAY 3 — Agree or disagree: Japan should try to increase inbound tourism

賛成か反対か：日本はインバウンド観光を増やす努力をすべきだ

inbound tourism とは「ある国への海外からの訪問」のことで、日本においては訪日外国人旅行を指します。日本では 2012 年からアジア諸国向けのビザ発給要件を段階的に緩和した結果、外国人観光客の数が大幅に伸びました。政府はこの数を 2030 年に 6000 万人にすることを目標としています。※ Day 3 で確認する論点は、世界遺産、日本文化、SNS の利用などのトピックのスピーチでも使えます。

※新型コロナウイルス感染症の影響で、訪日観光客数は減少していますが、ここでは 2020 年 6 月現在入手できる統計数値に基づいて構成しています。

 Warm-up

次の例文を読み、聞き、音読しましょう。

1. "Inbound tourism" refers to visits to a country by tourists who are not residents of that country.

   「インバウンド観光」とは、ある国への、その国に居住していない観光客による訪問のことだ。

   resident「居住者、住人」

2. According to the Japan National Tourism Organization (JNTO), Japan attracted more than 31 million international tourists in 2018. The number of visitors to Japan has increased almost 10 percent over 2017 and is up 30 percent compared to 2016.

日本政府観光局（JNTO）によると、日本は 2018 年、3100 万人以上の外国人観光客を引き寄せた。訪日観光客の数は 2017 年よりも 10 パーセント近く増加しており、2016 年と比較すると 30 パーセント上昇している。
※統計数値は『JNTO 訪日旅行データハンドブック 2019』に拠る。

3. According to the 2019 Travel and Tourism Competitiveness Report, Japan ranked fourth out of 141 countries and was considered the No. 1 tourist destination in Asia.

2019 年の『観光競争力レポート』によると、日本は 141 カ国中第 4 位にランクされ、アジアではナンバーワンの観光旅行先であるとみなされた。

📖 Travel and Tourism Competitiveness Report『観光競争力レポート』※世界経済フォーラム（WEF）が発表する世界の観光業に関する報告書。／ rank「位する、ランクづけされる」／ tourist destination「旅行先」

4. Over the past decade, tourists from mainland China, Taiwan and South Korea have far outnumbered visitors from other countries. Together, they account for the lion's share of Japan's inbound tourism.

過去 10 年間、中国本土、台湾と韓国からの観光客が他の国からの訪問客を大きく上回っている。これらの合計が日本のインバウンド観光の大きなシェアを占めている。

📖 outnumber「～より数で勝る」／ account for ...「…を占める」／ lion's share「最も大きな部分」

5. According to the Japan National Tourism Organization, the Japanese government hopes to boost the number of inbound tourists to 60 million by 2030.

日本政府観光局によると、日本政府はインバウンド観光客の数を 2030 年までに 6000 万に拡大させたいと思っている。

6. Many residents of Japan, including Japanese and non-Japanese alike, have been voicing concerns about "over-tourism," citing problems like overcrowded streets, illegal tourist parking and pollution.

多くの日本居住者は、日本人も外国人も同様に、街の過度の混雑や観光客の違法駐車、汚染といった問題に言及し、「オーバーツーリズム」への懸念の声を上げている。

📝 over-tourism「オーバーツーリズム」※観光客の増加により住民の生活環境や景観が損なわれる状況。／ cite「(実証のために) ～を引き合いに出す、～に言及する」

7. Social media and the internet have greatly transformed the way people travel and how they act at their destinations.

ソーシャルメディアやインターネットは、人々の旅行の仕方や、旅先での行動を大きく変えた。

8. Some people travel solely to post pictures or videos on social media such as Instagram or Facebook.

Instagram や Facebook といったソーシャルメディアに、写真やビデオを投稿するためだけに旅をする人々もいる。

📝 Instagram ※無料の写真共有ソーシャル・ネットワーキング・サービス。

9. In order to protect hotels and other tourist infrastructure, the Japanese government began restricting the rental of private residences and apartments to tourists.

ホテルやその他の観光インフラを守るために、日本政府は個人の住居やアパートの観光客への賃貸を規制し始めた。

10. Spending by foreign tourists can be a huge benefit to the economy, and in many countries or regions, it is the pillar of their economy.

外国人観光客による消費は経済にとって大きな利益となり得るし、多くの国や地域において経済の柱となっている。

📝 pillar「(大黒) 柱、支柱」

11. Tourist spending in Japan in 2017 was estimated to exceed 4.4 trillion yen.

2017 年の訪日外国人の消費額は 4.4 兆円を超えると推定された。

12. Several UNESCO World Heritage sites have been damaged by tourists in recent years, leading to costly repairs.

近年、複数のユネスコ世界遺産が観光客によって損害を受けていて、その結果、コストのかかる修理をせざるを得なくなっている。

📝 UNESCO「国連教育科学文化機関（ユネスコ）」

13. Carving initials into the bamboo at the bamboo grove in Arashiyama, in Kyoto, and shoving coins into the wooden torii gate at Itsukushima Shrine, in Hiroshima, are two prime examples of damage by tourists.

京都の嵐山にある竹林の竹にイニシャルを彫り込んだり、広島の厳島神社にある木の鳥居にコインを押し込んだりするのが、観光客による損害の 2 つの典型例だ。

📝 shove「～を押し込む、～を突っ込む」

14. It is vital for governments to strive to have a well-balanced inbound tourism sector. If the majority of tourists are only from one area, then tourism can be influenced by political problems.

政府にとってバランスの取れたインバウンド観光部門を保持する努力は極めて重要だ。もし観光客の大部分が一地域からの客ならば、観光は政治問題によって影響を受ける可能性がある。

📝 strive to ...「…しようと骨を折る、努力する」

15. Problems stemming from tourists not being aware of or not adhering to local laws, customs and traditions are a growing problem worldwide.

観光客が地域の法律や習慣、慣習を知らなかったり従わなかったりすることから起こる問題が、世界的に大きな問題になりつつある。

📝 adhere to ...「…（法律など）をしっかり守る」

トピックに関する会話を、メモを取りながら聞きましょう（会話のスクリプトは p.60）。

語られていた内容に合致するよう、次の各文の空所を埋めましょう。

※内容が分からない場合は繰り返し聞きましょう。聞きながら解答しても OK です。
※会話中の語句以外で解答しても構いません。
※英語が思い浮かばない場合は、日本語で書きましょう。　　　　　　解答例 p.58

1. The first thing the woman noticed at the airport was the (① 　　　　　).

2. According to the man, there has been a big increase in the number of (② 　　　) tourists.

3. This drastic increase has happened over the last (③ 　　　　).

4. In the woman's home state of Florida, tourism is the state's primary (④ 　　　　).

5. Tourism is beneficial to the economy, but there are (⑤ 　　　　　).

6. (⑥ 　　　　) is a problem for locals.

7. The man says congestion makes (⑦ 　　　) and the use of local transportation difficult.

8. One of the ways Japan has accommodated more tourists is by increasing the number of (⑧ 　　　　) in other languages.

9. From the woman's point of view, Tokyo has become more of an (⑨ 　　　) city.

10. The man blames foreign tourists for (⑩ 　　　　) personal and cultural property.

11. The man wonders if Japan's (⑪   ) of tourism has been too successful.

Memo

_____

_____

_____

_____

_____

_____

_____

_____

_____

_____

_____

_____

_____

_____

_____

_____

_____

_____

_____

_____

_____

① number of tourists
② inbound
③ decade / 10 years
④ income stream
⑤ downsides
⑥ Congestion
⑦ parking
⑧ signs
⑨ international
⑩ damaging
⑪ promotion

クイズ英文の訳

1. 空港で最初に女性か気づいたのは（①観光客の数）だった。

2. 男性によると、（②インバウンド）観光客の数に大きな伸びがあった。

3. この劇的な増加は過去（③ 10 年間）に起こった。

4. 女性が住むフロリダでは、観光が州の主要な（④収入源）になっている。

5. 観光は経済を潤すが、（⑤マイナス面）もある。

6. 地域住民にとって、（⑥混雑）が問題だ。

7. 男性は渋滞が（⑦駐車）や地域の交通機関利用を難しくしていると言っている。

8. 日本がより多くの観光客を呼び込む方法の 1 つは、外国語の（⑧看板）を増やすことである。

9. 女性の視点からは、東京はより（⑨国際的な）都市になった。

10. 男性は個人の財産や文化財を（⑩害する）外国人観光客を非難している。

11. 男性は、日本の観光（⑪促進）があまりにも成功しすぎているのではないか
　　と疑っている。

M: Welcome back to Japan! It's been what, eight years since you were last here?

W: Thanks. It's hard to believe that eight years has gone by.

M: A lot has changed in that time, hasn't it?

W: Of course there are new buildings and more train lines, but ^①essentially it feels the same. I'm glad about that! The biggest shock to me was the number of other tourists!

M: Yes, we've seen a huge ^②influx of inbound tourists over the last decade or so. The ^③majority are from nearby East Asian regions like mainland China, Taiwan and South Korea.

W: That must be a ^④boon for the economy. In Florida, almost all of our state income comes from tourism. For an island nation like Japan, I would think tourism would be an important ^⑤income stream.

M: Yes, tourism is a fast-growing percentage of Japan's GDP. But many Japanese like myself are concerned about the ^⑥downsides of inbound tourism at this level.

W: I'm sure one problem is ^⑦congestion. I had to wait for hours at the airport to get through ^⑧immigration. The lines at the train ticket counters and taxi stands were long, too, ^⑨I must say.

M: Crowding is definitely an issue. In Kyoto, for example, residents are finding it increasingly difficult to find places to park or even walk on the sidewalks. I hear that city buses are so full of tourists that residents can't use them. This is a big problem for the elderly and those who depend on ^⑩public

会話の訳

M: 日本に再びようこそ！ 君が最後にここにいたときから、ええと、8年かな？

W: ありがとう。8年経ったなんて信じられないわね。

M: その間にいろいろと変わったでしょ。

W: もちろん、新しいビルがあったり電車の路線が増えたりしているけれど、基本的には同じ感じがするわ。それはうれしいことね！ 私にとって一番のショックは、他の観光客の数よ！

M: うん、この10年ほどで大量のインバウンド観光客の流入が起こったんだよ。大半は、中国本土、台湾や韓国などの近くの東アジア諸国から来ているんだ。

W: それはきっと経済的には恩恵だよね。フロリダでは、州のほとんどの収入は観光から上がっているの。日本のような島国にとっては、観光は重要な収入源だと思うわ。

M: うん、観光は日本のGDPの中でのパーセンテージをどんどん上げているよ。でも、僕のような多くの日本人は、ここまでの水準のインバウンド観光によるマイナス面を心配しているんだ。

W: 1つの問題は間違いなく混雑ね。空港で入国審査を通過するのに何時間も待たされたわ。電車の切符のカウンターやタクシー乗り場の列も長かったし、まったく。

M: 混雑は本当に問題だよ。例えば京都では住民が駐車場を見つけたり、歩道を歩いたりすることさえ、どんどん難しくなってきているよ。市バスも観光客がいっぱいで住民が乗れないらしい。お年寄りや公共交通機関に頼っている

transportation. It's more than just that, though.

W: What other issues are there?

M: There are cases where increased tourism has led to [11]littering or noise pollution as well as damage to personal property or even the very [12] unique cultural attractions the tourists travel here to visit.

W: I've noticed that Tokyo has now a lot more [13] signage in other languages. It appears to have become a much more international city. That has to be a positive thing.

M: True. Many changes have been made to [14]accommodate more people from around the globe. However, I wonder if we are a victim of our own success in [15] promoting tourism to this extent.

人にとっては大問題だ。でもそれだけじゃないんだよね。

W: 他にはどんな問題があるの？

M: 観光客の増加によってゴミのポイ捨てや騒音公害だけでなく、個人の所有物の損傷や、さらには観光客が日本を訪れる目的になっている独自の文化的観光資源の被害にまで及んでいるんだよ。

W: 今回東京に他言語の看板が増えたのに気づいたわ。さらに国際化しているようね。そこはいい面に違いないわ。

M: そうだね。世界中からより多くの人を受け入れるために、多くの変革があったんだ。でも、ここまで観光振興に成功したことで、僕たち自身が被害に遭っているんじゃないかなあと思ったりもするんだよ。

語注

① essentially「基本的には、本質的には」
② influx「流入」
③ majority「大多数、大部分」
④ boon「恩恵、利益」
⑤ income stream「収入源」
⑥ downside「マイナス面」
⑦ congestion「混雑、雑踏」
⑧ immigration「入国管理審査」
⑨ ..., I must say「本当に…」
⑩ public transportation「公共交通機関」
⑪ littering「ゴミのポイ捨て」
⑫ unique cultural attraction「独特な文化財」
⑬ signage「デザイン化された指示・看板・サイン」
⑭ accommodate「～を受け入れる、～を収容する」
⑮ promote「～を推進する」

Outline Your Speech

スピーチの骨子（アウトライン）を作ります。
トピックに関する自分のアイデアをアウトライン化しましょう。

※ Step 1 と Step 2 を参考にしましょう。
※ 完全な文でなくても構いません。
※ 日本語で書いてから英訳しても構いません。
※ アイデアを思いつかない場合は右ページを参考にしましょう。

トピック

Agree or disagree: Japan should try to increase inbound tourism

賛成か反対か：日本はインバウンド観光を増やす努力をすべきだ

Conclusion
結論

Point 1
論拠 1

　　　　＋補足

Point 2
論拠 2

　　　　＋補足

Point 3
論拠 3

　　　　＋補足

Conclusion [reprise]
結論【再】

アウトライン・サンプル

Conclusion

結論 <u>Disagree.</u> Japan is already struggling with the current number of foreign tourists.

反対。日本はすでに現状の外国人観光客数に苦しんでいる。

DAY 3

賛成か反対か：日本はインバウンド観光を増やす努力をすべきだ

Point 1

論拠 1 The increase in the number of inbound tourists is causing problems.

インバウンド観光客数の増加が問題を生んでいる。

＋補足

Overcrowding is affecting public infrastructure.

過度の混雑が公衆インフラに影響を与えている。

Point 2

論拠 2 Tourists nowadays have little respect for local laws and customs.

今日の観光客は現地の法律や習慣にほとんど敬意を示さない。

＋補足

Littering and the defacing of property are fairly common problems.

ポイ捨てや建物の汚損はかなり頻繁に起こっている問題だ。

Point 3

論拠 3 The economic benefits are not worth the trouble.

金銭的な利益では割に合わない。

＋補足

A large portion of tourist income is spent on damage repair.

観光収入の大半が被害修理に費やされる。

Conclusion [reprise]

結論【再】 Japan needs to limit the number of tourists and hold those here accountable for their actions.

日本は観光客の数を制限し、自分の行動に責任を持たせる必要がある。

Write Your Own Speech

アウトラインのメモをもとに160〜240ワードのスピーチ原稿を書きましょう。

※ サンプル・スピーチを読み／聞き、参考にしても構いません。
※ 原稿を書き上げたら2分で音読する練習を繰り返しましょう。

1
2
3
4
5
6
7
8
9
10
11
12
13
14
15
16
17
18
19
20
21
22
23
24
25

サンプル・スピーチ

03-03

Agree or disagree: Japan should try to increase inbound tourism

I am not against tourism. [1] That being said, [2] I firmly believe that Japan already has enough foreign tourists and should not increase inbound tourism for the following three reasons.

Crowding is the first reason. Japan [3] hosted more than 30 million inbound tourists in 2018. This huge influx has led to extreme crowding of infrastructure such as parking and local transportation. The [4] sheer number of tourists is [5] overwhelming to the people that live here.

Secondly, the way I see it, it's not just the volume of tourism that is a problem, it's how the tourists act. Many foreign tourists often have little respect for the laws and customs of Japan. Littering, noise pollution and [6] costly damage to historical and cultural sites valuable to Japanese are not uncommon events.

Lastly, while it is true that tourism can provide a [7] boost to the economy, if that money has to be spent undoing the damage caused by tourism, it is a [8] net loss.

In conclusion, Japan needs to find a way to [9] cap the flow of inbound tourism and hold tourists that are here [10] accountable for their actions. I am happy to share Japan, but the interests of those of us who live here must [11] come first. (203 words)

5
10
15
20

語注
① That being said, ... 「とはいえ…」／② I firmly believe that ... 「…と強く思う」／③ host「〜を歓待する、〜を接待する」／④ sheer number of ... 「非常に多くの…」／⑤ overwhelming「圧倒的な」／⑥ costly damage「損失の大きな被害」／⑦ boost「促進、増進」／⑧ net loss「最終的な損失」／⑨ cap「〜の上限を定める」／⑩ accountable for ... 「…に責任がある」／⑪ come first「最優先される」

私は観光には反対ではありません。とはいえ、日本はすでに十分観光客を迎えているので、次の3つの理由からインバウンド観光客を増やすべきではないと強く思っています。

混雑が最初の理由です。日本は2018年、3000万人以上のインバウンド観光客を迎え入れました。この莫大な流入が、駐車場や現地の交通機関などのインフラの極端な混雑につながったのです。ここで暮らす人々は、非常に多くの観光客に圧倒されました。

第2に、私の見解では、問題なのは観光客の量だけではなく、観光客の行動です。多くの外国人観光客は、日本の法律や習慣にほとんど敬意を払いません。ゴミのポイ捨てや騒音公害、日本人にとって価値のある歴史的・文化的遺跡への損壊も珍しいことではありません。

最後に、観光が経済を活性化させるのは確かですが、もしそのお金が観光によって引き起こされた損害を元に戻すことに使われなければならないのだとしたら、それは最終的には損失となるのです。

結論として、日本はインバウンド観光の上限を定める方法を見つけ、そしてここに来る観光客に自らの行動に責任を持たせる必要があります。私は喜んで日本を分かち合いたいと思っていますが、ここで暮らしている私たちの利益こそが最も優先されなければならないのです。

機能表現　ワンポイント解説

「私の見解では…」

　サンプル・スピーチの第3パラグラフでは、..., the way I see it, it's not just the volume of tourism that is a problem, ...「私の見解では、問題なのは観光の量だけではなく…」のように、The way I see it, ... というフレーズで切り出して、自分の見解を述べていました。ここでは、同じように自分の意見や立場を切り出す場面で使えるフレーズをまとめて紹介しておきます。

- **The way I see it,** tourists need to be held accountable for their actions.
  私の見解では、観光客は自らの行動に責任を持つ必要があります。
- **From where I stand,** people are too dependent on cellphones.
  私の立場では、人々は携帯電話に依存しすぎています。
- **From my point of view,** tourism is a vital part of the national economy.
  私の見方では、観光は国家経済の極めて重要な部分です。
- **In my opinion,** politics is not a topic for the workplace.
  私の意見では、政治は職場向きの話題ではありません。
- **As far as I'm concerned,** elementary school children should not have cellphones.
  私としては、小学生は携帯電話を持つべきではないと思っています。

発音・発話　ワンポイント解説

日本語の「ん」と英語の「n」の音の違い

　Japa<u>n</u> (l.2)、foreig<u>n</u> (l.2)、inbou<u>n</u>d(l.3)、tha<u>n</u> (l.4)、millio<u>n</u> (l.5)、tra<u>n</u>sportatio<u>n</u>(l.7)、ofte<u>n</u> (l.10)、uncommo<u>n</u> (l.13)、conclusio<u>n</u> (l.17)にある下線部「n」の音をすべて正しく発音できていますか。いずれも「な、に、ぬ、ね、の」の最初の [n] の音です。舌先が上の歯茎にぴったり引っ付いている状態を作って、声を出す。それが [n] の音です。日本語の「ん」ではありません。正しく発音すると、モデルの音声と同じように uncommon events (l.13／音声 TRACK 03-03 1分 23秒あたり) の部分、「n」と「e」がつながって、「に」のような音になるはずです。「n」をきちんと発音すると、often have (l.10／音声 TRACK 03-03 1分 07秒あたり) の部分も言いやすくなるはずです。

DAY 3

賛成か反対か：日本はインバウンド観光を増やす努力をすべきだ

What can be done to reduce plastic pollution in our oceans?

海洋プラスチック汚染を減らすために何ができるか

plastic pollution（プラスチックごみによる環境汚染）の中でも、昨今大きく取り上げられているのが「海洋プラスチック」の問題です。太平洋上に大きなプラスチックの島が浮かぶなど深刻な事態が起きています。Day 4 では、完全には分解しないマイクロプラスチックの問題やプラスチックを使わない社会への取り組みなどを中心に考えていきます。ここで取り上げたデータや論点は、その他の公害や汚染、リサイクル問題、ボランティア活動、環境と人間の共生といったトピックでも利用できます。

Warm-up 04-01

次の例文を読み、聞き、音読しましょう。

1. The invention of plastic, once considered a stroke of genius, is now seen as a root cause of a fast-growing environmental crisis.

プラスチックの発明は、かつて天才的なアイデアと考えられていたが、今や加速する環境危機の根源とみなされている。

📝 stroke of genius「天才的な考え、ひらめき」／root cause「根本的原因」

2. According to a report, the total amount of plastic manufactured has doubled in the last 25 years.

ある報告書によると、製造されるプラスチックの総量は過去 25 年で倍増した。

3. Based on a survey by a national market analyst, on average, Americans use over 130 million drinking straws every day.

国内市場アナリストの調査によると、アメリカ人は平均して毎日1 億3000 万本の飲料用ストローを使っている。

4. Some reports claim that only 9 percent of plastic is recycled worldwide.

世界中でプラスチックのたった 9 パーセントしかリサイクルされていないとする報告書もある。

5. It is estimated that only 1 out of 200 plastic bags used is recycled.

使用されたビニール袋のうち、200 枚のうち 1 つしかリサイクルされていないと見積もられている。

6. Half of the plastics manufactured is for "single-use" products. "Single-use" is a recent term for disposable items that are used only once.

製造されるプラスチックの半分は「シングルユース」の製品向けだ。「シングルユース」とは、一度しか使わない使い捨て製品に対する最近の用語である。

7. Most of the plastic that ends up in the oceans is carried there by rivers.

最終的に海洋にたどり着くプラスチックのほとんどは、河川によって海まで運ばれる。

8. A vast number of marine animals die every year because of the plastic garbage in the world's oceans.

世界の海のプラスチックごみが原因で、毎年大量の海洋生物が死んでいる。

9. Plastic accounts for 90 percent of the trash floating in the ocean. Some scientists say it never degrades completely and is coating the ocean floor.

プラスチックは海洋に浮かんでいるごみの 90 パーセントを占めている。プラスチックは決して完全には分解せず海底を覆いつつあると言う科学者もいる。

☞ account for ... 「…を占める」／ degrade 「分解する」

10. Many countries have passed or are in the process of passing laws to ban the use and manufacture of single-use plastics.

多くの国で、使い捨てプラスチックの利用や製造を禁止する法律が可決されたか、その過程にある。

11. The "three Rs" are Reuse, Reduce and Recycle. There is another "R" that is becoming a buzzword for plastics ... "Refuse."

「3 つの R」とは、Reuse（再利用する）、Reduce（減らす）、そして Recycle（リサイクルする）を表す。プラスチックに関する流行語となりつつあるもう 1 つの R がある……それは Refuse（拒否する）だ。

☞ buzzword 「流行語っぽい専門用語、今はやりの言い方」

12. Carrying personal straws and reusable coffee cups is a trending fashion.

個人用のストローや再利用できるコーヒーカップを持ち歩くことが流行になってきている。

13. Plastic is hard to give up because it is so convenient and prevalent.

プラスチックは非常に便利で普及しているため、使用を止めるのは難しい。

☞ prevalent 「流行している、普及している」

14. Microbeads from products like toothpaste or face scrubs represent a particularly big challenge. They're so small that they can easily pass through water filtration systems and flow into rivers and oceans.

歯磨き粉や洗顔料といった製品から出るマイクロビーズは、特に大きな課題となっている。マイクロビーズはとても小さいので、浄水ろ過システムをくぐり抜けて河川や海に流れ込むのだ。

📝 challenge「課題、難問」／ filtration「ろ過」

---

15. Movements to put this problem in the spotlight or to attempt to clean up plastic pollution struggle due to lack of finances.

この問題に焦点を当てたり、プラスチック汚染ごみを一掃しようとしたりする運動は、資金不足により難航している。

📝 struggle「もがく、苦しむ、苦労して進む」

---

16. If drastic steps are not taken, the oceans could have more plastic than fish by 2050.

思い切った手段が取られなければ、2050年までに海には魚よりプラスチックの方が多くなるかもしれない。

📝 drastic「思い切った、徹底的な」

Listening Quiz

STEP
2

トピックに関する会話を、メモを取りながら聞きましょう（会話のスクリプト
は p.78）。

語られていた内容に合致するよう、次の各文の空所を埋めましょう。

※内容が分からない場合は繰り返し聞きましょう。聞きながら解答しても OK です。
※会話中の語句以外で解答しても構いません。
※英語が思い浮かばない場合は、日本語で書きましょう。　　　　　　　解答例 p.76

1. The woman realized the extent of the plastic pollution problem while on a (① 　　　　　) trip.

2. She and her husband decided to (② 　　　　) to pick up garbage on the beaches.

3. According to the woman, plastic reportedly makes up (③ 　　　　) percent of the garbage in the oceans.

4. Both the man and the woman agree that (④ 　　　　) plastic products like drinking straws are the primary source of the problem.

5. The man recently decided to stop using (⑤ 　　　　) when shopping.

6. Similarly, the woman carries a (⑥ 　　　　) straw made from aluminum.

7. Only a small percentage of plastic that is used worldwide is (⑦ 　　　　).

8. It is generally accepted that plastic takes hundreds of years to (⑧ 　　　　). Some scientists claim it never breaks down completely.
*accepted「認められた」

9. Cleaning up the plastic garbage in the oceans now is only a
(⑨   ) solution.

10. A permanent solution will require action by (⑩   ),
manufacturers and consumers alike.

11. Many groups that are actively trying to remove the plastic garbage
from our waterways struggle with (⑪   ). This is something
both governments and manufacturers should help with.

12. Some countries have already passed legislation to (⑫   )
the use and manufacture of single-use plastics.
*legislation「法律」

Memo

① scuba-diving
② volunteer
③ 90
④ single-use
⑤ plastic bags
⑥ reusable
⑦ recycled
⑧ degrade
⑨ short-term
⑩ governments
⑪ finances
⑫ ban

クイズ英文の訳

1. 女性は（①スキューバダイビング）旅行中に、プラスチック汚染の問題の大きさに気づいた。

2. 彼女と彼女の夫は、ビーチのごみを拾う（②ボランティアを行う）ことにした。

3. 女性によると、プラスチックは海洋ごみの（③ 90）パーセントを占めていると言われている。

4. 男性と女性のどちらもが、飲み物用のストローのような（④使い捨ての）プラスチック製品が問題の主な原因であることに同意している。

5. 男性は最近、買い物の際に（⑤レジ袋）を使うのをやめることにした。

6. 同様に、女性は（⑥再利用できる）アルミ製のストローを持ち歩いている。

7. 世界中で使われるプラスチックのごくわずかが（⑦リサイクルされている）。

8. プラスチックが（⑧分解する）のに数百年かかることが一般的に認められている。プラスチックが完全に分解することはないとする科学者もいる。

9. 今、海のプラスチックごみを片付けることは（⑨短期的な）解決策に過ぎない。

10. 恒久的な解決には、（⑩政府）と製造業者、消費者の一丸となった行動が必要だ。

11. 水路からプラスチックを取り除こうと積極的に行動している多くの団体は、（⑪財政）に苦しんでいる。これは、政府と製造業者の双方が支援すべきことだ。

12. すでに使い捨てプラスチックの利用と製造を（⑫禁止する）法律を成立させた国もある。

DAY
4

海洋プラスチック汚染を減らすために何ができるか

M: How was your scuba-diving trip? Did you have a good time?

W: Yes and no. The weather was great, and we had some good dives. But you wouldn't believe the amount of plastic garbage we saw floating in the ocean! My husband and I decided to spend a part of our vacation volunteering to pick up garbage on the beaches.

M: I just read an article online about plastic waste. Some reports say that plastic makes up 90 percent of the garbage in the oceans.

W: Especially the single-use products like plastic bags, straws and the like. I've heard that 130 million straws are used every day in the U.S. alone!

M: If we don't ① tackle this problem head-on now, it's only going to get worse. I've read that by 2050 there will be more plastic in the oceans than fish. ② For my part, I carry an eco-friendly shopping bag instead of using plastic ones.

W: I've also started to carry my own aluminum straw. It's reusable, and it's easy to just have it in my purse. I'm a big fan of the three Rs.

M: So little of plastic is recycled or re-used, though! They say it takes hundreds of years or more to degrade, and some scientists claim it never ③ breaks down completely. So, recycling isn't a simple ④ fix.

W: ⑤ I couldn't agree more.

M: It goes without saying that people need to do more to actively

会話の訳

M: スキューバダイビング旅行はどうだった？ 楽しかったかい？

W: どちらとも言えないわね。お天気は良くて多少ダイビングは楽しめたわ。でも、私たちが見た海に浮かぶプラスチックごみの量ときたら、信じられないわよ！ 夫と私はバケーションの一部を、ビーチのごみ拾いのボランティアに当てることにしたの。

M: 僕もちょうどネットでプラスチックごみの記事を読んだところだよ。プラスチックが海のごみの 90 パーセントを占めているっていうレポートがあるんだ。

W: 特に、レジ袋やストローのようなシングルユースの製品よね。アメリカだけで毎日 1 億 3000 万本ものストローが使われているって聞いたことがあるわ！

M: 今この問題に正面から取り組まなければ、さらに問題は悪化するばかりだよね。2050 年までには魚よりも海の中のプラスチックの方が多くなると記事で読んだよ。僕の場合、プラスチックの袋を使う代わりに、環境に優しい買い物袋を持ち歩いているんだ。

W: 私も自分のアルミのストローを持ち歩くようにしたところなの。再利用できるし、ただカバンに入れておくだけで楽なのよ。私は 3R を強く支持しているわ。

M: リサイクルや再利用されているプラスチックはごくわずかだけどね！ プラスチックは分解するのに数百年かかると言われているし、完全に分解することは決してないと主張する科学者もいるんだよ。だからリサイクルは単純な解決策ではないんだ。

W: まったくそのとおりね。

M: 自分たちが散らかしたものを積極的に片付けるためにもっと多くのことをす

海洋プラスチック汚染を減らすために何ができるか

clean up the [6]mess we've made. But solving the problem long-term will require action by everyone, from governments to manufacturers and consumers.

W: There are a lot of organizations out there trying to get the plastics out of our waterways, but they all struggle with finances.

M: That's where manufacturers and governments should step in. They need to take responsibility for this issue and support a resolution to this problem, no matter what the cost.

W: Some countries have or are passing laws to ban single-use products.

M: That's going to be the key, I think.

る必要があるのは言うまでもない。でも長期的に問題を解決するためには、政府から製造業者、消費者までみんなの行動が必要だよね。

W: 世の中にはプラスチックを水路から取り除こうと試みている多くの組織があるけれど、どこも財政的に苦しんでいるわ。

M: それこそ、製造業者や政府が踏み込むべきところだよ。いくらコストがかかったとしても、この問題に責任を取り、このトラブルの解決を支援する必要がある。

W: 使い捨て製品を禁止する法律を制定している国や、制定しようとしている国もあるわ。

M: それこそ鍵になるものだと思うよ。

語注

① tackle this problem head-on「この問題に正面から取り組む」
② for my part, ...「私としては…、私の場合は…」
③ break down「分解する」
④ fix「解決（策）」
⑤ I couldn't agree more.「まったくそのとおり」※強い同意を表す表現。
⑥ mess「散らかし、ヘマ、失敗、窮地」

Outline Your Speech

スピーチの骨子（アウトライン）を作ります。

トピックに関する自分のアイデアをアウトライン化しましょう。

※ Step 1 と Step 2 を参考にしましょう。
※ 完全な文でなくても構いません。
※ 日本語で書いてから英訳しても構いません。
※ アイデアを思いつかない場合は右ページを参考にしましょう。

トピック

What can be done to reduce plastic pollution in our oceans?
海洋プラスチック汚染を減らすために何ができるか

Conclusion
結論

Point 1
論拠 1

　　　＋補足

Point 2
論拠 2

　　　＋補足

Point 3
論拠 3

　　　＋補足

Conclusion [reprise]
結論【再】

アウトライン・サンプル

Conclusion

結論 Plastic pollution is a complex problem, but it can be solved by taking three major steps.

プラスチック汚染は複雑な問題だが、3つの主要な手段で解決可能だ。

Point 1

論拠1 Plastic waste that exists now must be cleaned up.

今あるプラスチックごみは片付けられるべきだ。

＋補足

Governments need to help with financial and manpower concerns.

各国政府は財政や人手の問題に手を差し伸べるべきだ。

Point 2

論拠2 Consumers need to be less dependent on plastic.

消費者はプラスチックへの依存を減らす必要がある。

＋補足

The use and manufacture of single-use plastics must be greatly reduced or eliminated.

使い捨てプラスチック製品の使用や製造は、大幅に削減するかなくすべきだ。

Point 3

論拠3 Laws will need to be made to ban some plastics.

ある種のプラスチックを禁止する法律が作られるべきだ。

＋補足

This will force manufacturers and consumers to quit using plastic.

これが、製造業者や消費者にプラスチック利用の中止を強制することになるだろう。

Conclusion [reprise]

結論【再】 Plastic pollution in our oceans is a big problem, but it is a solvable one.

海洋のプラスチック汚染は大問題だが、解決できる。

Write Your Own Speech

STEP 4

アウトラインのメモをもとに160〜240ワードのスピーチ原稿を書きましょう。

※ サンプル・スピーチを読み／聞き、参考にしても構いません。
※ 原稿を書き上げたら2分で音読する練習を繰り返しましょう。

1
2
3
4
5
6
7
8
9
10
11
12
13
14
15
16
17
18
19
20
21
22
23
24
25

What can be done to reduce plastic pollution in our oceans?

Once [1]heralded as a great new innovation, plastic is now the cause of a global pollution crisis. However, I am of the opinion that this type of pollution is a problem that can be fixed. To attain this goal, there are three major steps.

Step 1 is to clean up what is already out there. There are many organizations attempting this [2]daunting task, but they are [3]hampered by the financial cost and scale of the problem. Manufacturers and governments both need to [4]pitch in from a financial standpoint.

In addition, as more of a long-term solution, step 2 is for consumers to [5]shrug off their dependency on single-use plastics. Plastic takes hundreds of years to [6]decompose — [7]if it does at all — so it is hardly "disposable." Refusing to use everyday plastic items such as straws, plasticware and the like is vital, [8]albeit difficult.

Manufacturers and consumers alike will need encouragement to eliminate or reduce the amount of plastic manufactured and consumed. Many countries are passing laws to ban single-use plastics, and more (hopefully all) need to follow this [9]precedent. This is the third and most important step.

To conclude, pollution from plastic is a big problem, but together we can solve it. [10]Make no mistake, it will require a [11]concerted effort and a lifestyle change, but this issue can and must be corrected. (224 words)

語注
① heralded as ...「…として喧伝される」/ ② daunting「非常に困難な、きつい」/ ③ hamper「～を邪魔する、～の身動きを取れなくする」/ ④ pitch in「協力する、助力する」/ ⑤ shrug off ...「…を振り捨てる」/ ⑥ decompose「分解する」/ ⑦ if ... at all「たとえ…だとしても」/ ⑧ albeit ...「…にもかかわらず、たとえ…であろうとも」/ ⑨ precedent「先例、前例」/ ⑩ Make no mistake, ...「間違いなく、…だ」/ ⑪ concerted「協調した」

DAY 4

海洋プラスチック汚染を減らすために何ができるか

かつては素晴らしい新技術として歓迎されたプラスチックが、今や地球規模の汚染危機の原因となっています。しかし、私はこの種の汚染は、解決可能な問題であるという意見です。この目標を達成するためには、3つの主要なステップがあります。

ステップ1は、すでに存在しているプラスチックを除去することです。多くの組織がこの困難な課題に取り組んでいますが、経済的負担や問題の大きさに阻まれています。製造業者や政府の両方が財政面で協力する必要があります。

加えて、より長期的な解決策として、ステップ2は、消費者が使い捨てプラスチックへの依存から脱することです。プラスチックは分解するのに——たとえそうなるとしても——数百年もの時間がかかります。ですから到底「使い捨て」とは言えません。たとえ困難でも、ストローやプラスチック容器などの日常的なプラスチック製品の利用を拒むことが極めて重要なのです。

製造業者も消費者も、プラスチックの製造・消費量をなくしたり削減したりするよう奨励される必要があります。多くの国が使い捨てプラスチック製品の製造を禁止する法律を可決しつつあります。そしてより多くの（できればすべての）国がこの先例に従う必要があります。これが第3の、かつ最も重要なステップです。

結論として、プラスチック汚染は大きな問題ですが、私たちみんなで解決することが可能です。間違いなく、協調的な努力と生活スタイルの変化が必要ですが、この問題は正すことができるし、正されなければならないものなのです。

機能表現 　ワンポイント解説

04-04

「私は…という意見だ」

　スピーチの冒頭で自分の立場を明らかにすることは重要です。このスピーチでも第1パラグラフでI am of the opinion that ... 「私は…という意見だ」という表現で立場を表明していました。ここではこのフレーズ同様に自分の意見を切り出す場面で用いることができる表現をチェックしておきましょう。

● **I maintain that** global warming is a real and imminent threat to humanity.
地球温暖化は人類にとって差し迫った現実の問題であると主張します。

● **I would argue that** temporary employees should be paid the same as regular employees.
私は臨時の社員も正規雇用社員と同じ給料を支払われるべきだと主張したいと思います。

● **I don't believe** this problem can be solved by throwing money at it.
この問題は資金を投入することで解決できるとは思いません。

● **I firmly believe that** corporal punishment is not a good way to discipline children.
子どもをしつけるのに体罰は良い方法ではないと固く信じています。

● Not enough is being done about this problem, **in my opinion.**
私の意見では、この問題について十分な対策がなされていません。

● **I tend to think that** the mass media don't give this issue the attention it deserves.
私は、マスメディアはこの問題に相応の注目を与えていないと考えています。

発音・発話 　ワンポイント解説

「r」と「l」の発音で重要なのは"思いっきり"

　heralded (l.1)、goal (l.4)、already (l.5)、vital (l.14)、corrected (l.24) が正しく発音できていますか。「r」の音は、巷の解説本にあるとおり、確かに舌の先を奥に引っ込めて、その状態から上の口蓋につけないで、「ら、り、る、れ、ろ」と発音してみればよいのですが、舌先を思いっきり奥に引っ込めて、舌がまるでめくれ上がった状態になって、その状態から、というのが大切です。さらに、「l」も同じく、思いっきり、が大切です。上の歯茎か歯の裏当たりに舌先を強く押し当てたまま、声を出す、それが [l] の音なのですが、やはり強さが必要です。舌の筋トレだと思って練習してみてください。

Do social media have a negative impact on society?

ソーシャルメディアは社会にネガティブな影響を与えているか

ここ 10 年ほどで社会に浸透した、ブログ、ソーシャル・ネットワーキング・サービス (SNS)、動画共有サイトなどのソーシャルメディア。情報発信・収集・コミュニケーション上の利便性から、多くの人が毎日のように利用しています。ただ、便利な反面、習慣性の強さ、ネット上のいじめ、フェイクニュースの拡散など多くの負の側面もあります。Day 5 はソーシャルメディアの正と負の影響について考えます。ここで取り上げた内容はテレビゲームの負の側面、個人情報の重要さ、メディアリテラシーなどについてスピーチを行うときにも活用することが可能でしょう。

Warm-up

次の例文を読み、聞き、音読しましょう。

1. Most people who use social media have several different accounts or identities. According to one survey, the average number of accounts is seven.

ソーシャルメディアを利用する人のほとんどが、複数の異なるアカウントや ID を持っている。ある調査によると、その平均アカウント数は 7 つになっている。

2. It's not uncommon to see friends or family sitting at a table and completely ignoring one another, their noses glued to their phones.

友人同士や家族が１つのテーブルに着きながら、お互いを完全に無視してそれぞれが自分の電話にくぎ付けになっているという光景は珍しくない。

✐ one's nose glued to ... 「…にくぎ付けになって」

3. There are just under 8 billion people on the planet. Mark Zuckerberg, Facebook founder and CEO, says Facebook Messenger and WhatsApp together handle 60 billion messages a day.
Facebook ※世界最大のソーシャルネットワーキングサービス。

80 億人弱の人々が地球上に存在する。Facebook 創業者で CEO のマーク・ザッカーバーグによれば、Facebook メッセンジャーと WhatsApp を合わせて１日に 600 億通のメッセージを扱っている。

✐ WhatsApp ※欧米でよく利用されているメッセンジャーアプリ。

4. Several high-profile suicides have been linked to online bullying or cyber-shaming.

注目を集めた自殺の数件は、ネット上のいじめやサイバーシェーミングと関連していた。

✐ high-profile「話題の、注目を集める」/ cyber-shaming「サイバーシェーミング」
※ネット上に個人情報などをさらすことで人を辱める行為。

5. An incredible amount of video content is uploaded to YouTube every minute of every day. YouTubers and bloggers are becoming celebrities and making a living by doing so.

信じられないほどの動画コンテンツが毎日毎分 YouTube にアップロードされている。YouTuber やブロガーは有名人となり、それによって生計を立てている。

6. Fewer people are purchasing products from retail stores and more people are doing most of their shopping online. An increasing number of these people are purchasing directly via ads and links on social media.

小売店で商品を購入する人が少なくなり、ほとんどの買い物をネットでする人が増えている。こういった人々の中でもソーシャルメディア上の広告やリンクを通じて直接購入する人が増えている。

📝 retail store「小売店」／ via ...「…経由で、…を通して」

----

7. Social media have been blamed for being the source of "fake news" and even influencing the outcome of major political elections in various countries. More and more young people are getting their news from social media.

ソーシャルメディアは「フェイクニュース」の源であり、多くの国の重要な選挙の結果にさえ影響を与えていると非難されてきた。ますます多くの若者たちがソーシャルメディアからニュースを得るようになってきている。

📝 blame A for B「B（ということ）で A を非難する」

----

8. Several studies have found that social media usage has had a negative impact on the quality of sleep people get.

いくつかの研究では、ソーシャルメディアの利用が人々の睡眠の質に悪影響を与えていることがわかっている。

📝 quality of sleep「睡眠の質」

----

9. Social media platforms are sometimes used to promote hateful or racist ideology.

ソーシャルメディア・プラットフォームは、時に憎しみに満ちたイデオロギーや人種差別主義のイデオロギーを助長するために使われる。

📝 promote「～を助長する、～を促進する」／ hateful「憎しみに満ちた」／ racist「人種差別主義の」

----

10. Two benefits that social media communication provides are the ability to express one's self and to easily obtain emotional support.

ソーシャルメディアによるコミュニケーションが提供する 2 つの利点は、自己を表現できたり容易に精神的なサポートを得られたりすることだ。

11. The use of social media can directly lead to a loss of personal privacy and expose users to potential abuse of personal data by government or third-party organizations.

ソーシャルメディアの利用は個人のプライバシーの喪失に直結するかもしれず、利用者を、政府や第3者機関による個人データの不正利用の危険にさらすかもしれない。

📝 potential「可能性のある、潜在的な」／ abuse「乱用、悪用」

12. Social media posts can lead to termination or negatively affect employment prospects.

ソーシャルメディアへの投稿は解雇につながったり、就職の見込みに悪影響を与えたりする可能性がある。

📝 termination「解雇、解消、解約」／ employment prospect「就職の見込み、雇用の見通し」

13. Social media are often used by employers for recruiting. Some data suggest that up to 96 percent of employers use one social media platform or another sometime in the hiring process.

ソーシャルメディアはしばしば雇用主によって採用のために利用される。採用過程のある段階で、何らかのソーシャルメディア・プラットフォームを利用する雇用主は96パーセントにも達するとするデータもある。

STEP 2 Listening Quiz

トピックに関する会話を、メモを取りながら聞きましょう（会話のスクリプトは p.96）。

語られていた内容に合致するよう、次の各文の空所を埋めましょう。

※内容が分からない場合は繰り返し聞きましょう。聞きながら解答しても OK です。
※会話中の語句以外で解答しても構いません。
※英語が思い浮かばない場合は、日本語で書きましょう。　　　　　　　解答例 p.94

1. The man broached the subject of (① 　　　　) because he
   noticed the woman using Facebook.
   *broach「(話など) を持ち出す」

2. The woman stated that she uses social media in all (② 　　　　)
   of her daily life.

3. The man quit using social media due to his (③ 　　　　) about
   privacy.

4. Another reason he cited was the potential for social media having
   (④ 　　　　) consequences at work.

5. In contrast, the woman (⑤ 　　　　) social media as the reason
   she has her current job.

6. Before quitting, the man (⑥ 　　　　) several hours a day on
   social media.

7. Like the woman, many social media users see lack of privacy
   as simply the (⑦ 　　　　) they have to pay for using social
   media.

8. While she agrees that social media usage has some negative
   aspects, she considers the (⑧ 　　　　) to be much more
   valuable.

9. Both of them concur that hateful posts, negative comments and
(⑨　　　　　) are frequent on social media and can be harmful.
* concur that ...「…という点で意見が一致する」

10. According to the woman, the ability of users to express their
opinions and to obtain (⑩　　　　　) are two benefits of social
media.

11. Since quitting social media, the man admits he misses how
convenient it was to (⑪　　　　　) with friends and family via
social media.

12. The woman believes that many people no longer make a
(⑫　　　　　) between talking in person and communicating
online.

Memo

解答例

① social media
② aspects
③ concerns
④ negative
⑤ credits
⑥ was spending
⑦ price
⑧ positives
⑨ cyber-bullying
⑩ emotional support
⑪ communicate
⑫ distinction

クイズ英文の訳

1. 男性が（①ソーシャルメディア）の話題を持ち出したのは、女性がFacebook を利用しているのに気づいたためである。

2. 女性は自分の生活のあらゆる（②場面／面）でソーシャルメディアを利用していると述べた。

3. 男性は、プライバシーに関する（③懸念）からソーシャルメディアの利用をやめた。

4. 彼が述べたもう1つの理由は、ソーシャルメディアが仕事に（④マイナスの／否定的な）影響を及ぼす可能性も持っている点だ。

5. 対照的に、女性は現在の職に就いている理由としてソーシャルメディアの（⑤功績を認めている）。

6. やめる以前には、男性は1日に数時間ソーシャルメディアに（⑥費やしていた）。

7. 女性のように、多くのソーシャルメディア・ユーザーはプライバシーの欠如を、ソーシャルメディアを使うために支払わねばならない（⑦コスト／代償）

だと考えている。

8. 彼女はソーシャルメディアの使用には時としてマイナスの側面があることを認める一方で、（⑧肯定的な／プラスの側面）のほうがはるかに価値があると考えている。

9. 2人ともヘイトに満ちた投稿や否定的なコメント、（⑨ネットいじめ）がソーシャルメディアで頻発しており、有害なものとなり得るという点で意見が一致している。

10. 女性によると、ユーザーが意見を主張でき、（⑩精神的な支え）を得られることが、ソーシャルメディアの2つのメリットである。

11. ソーシャルメディアをやめて以来、男性はソーシャルメディアで友人や家族と（⑪連絡を取り合え）る利便性を懐かしく思っていると認めている。

12. 女性は、多くの人は直に会って話すこととネット上で会話することの（⑫区別）がなくなっている、と思っている。

M: I ① couldn't help but notice you were using Facebook just now. What is your take on social media? Do you think social networking presents a benefit to society?

W: Personally, I can't imagine life without it. I use social media sites for work, for relaxation, and just about for every aspect of my day!

M: I used to be that way. Like most people, I was spending about two hours or more on Facebook or other social media sites every day. About six months ago, I stopped using social media altogether.

W: What were some of the factors that motivated you to quit?

M: The biggest thing was the loss of privacy. The targeted advertisements that started to appear really ② freaked me out. One of my co-workers was fired because of a picture she posted online. That got me scared, too.

W: I can see where you're coming from. In my case, though, I wouldn't even have my job if it weren't for social media. My boss found and recruited me due to my information on ③ LinkedIn.

M: Aren't you the least bit concerned about your personal information and private data being out there for the world to see?

W: I just consider that the ④ price we have to pay for enjoying the services social media provide. Are there negative aspects about social media I don't like? Sure. But I think the positives far outnumber the negatives.

会話の訳

M: ついさっき気づいたんだけど、Facebook を使っているんだね。君はソーシャルメディアについてどう思っているの？ ソーシャルネットワーキングは、社会に利益を与えていると思う？

W: 私としては、それなしの生活は考えられないわ。仕事にも、気晴らしにも、とにかく 1 日のほぼすべての場面でソーシャルメディアを使っているのよ！

M: 僕も以前はそうだったなあ。ほとんどの人と同じように、毎日 Facebook や他のソーシャルメディアに 2 時間とかそれ以上を費やしていたんだ。6 カ月くらい前にソーシャルメディアを使うのをすっかりやめたんだよ。

W: やめようと思うきっかけになった要因はどんなことだったの？

M: 最大の要因はプライバシーの喪失だよ。ターゲット広告が出始めて、それですごく不安になったんだ。僕の同僚の一人はネットに投稿した写真のせいで解雇されちゃった。それも怖くなった原因さ。

W: あなたの言っていることは分かるわ。でも私の場合、ソーシャルメディアがなかったら、仕事も持てなかったわ。私の上司が LinkedIn の情報で私を見つけてリクルートしたのよ。

M: 君は、自分の個人情報やプライベートなデータが世界中の人の目にさらされていても、ちっとも心配ではないの？

W: それは、ソーシャルメディアが提供してくれるサービスを楽しむために支払わなければならない対価だと思ってる。ソーシャルメディアに気に入らないマイナスの面があるかといえば、もちろんあるわ。でも、プラスの面がマイナスの面をはるかに上回っていると考えているの。

M: I just got tired of seeing all the [5]mean posts by people using social media to [6]spout their personal views about politics and society. To me, a lot of what I saw was depressingly negative and even hateful.

W: You are missing the bigger picture, though, I think. Social media are no different than any other media. People have the right to express their opinions and speak their mind, and they can exercise it on social media. Don't get me wrong, cyber-bullying is real and I don't like it. But on the flip side, many people get a lot of emotional support through their community on social media.

M: I must admit I do miss being able to just go online and see what my friends and family have been doing. It was also great to be able to find friends that I had lost touch with.

W: Even though I'm a huge fan of social media, I make an important [7]distinction in that "texting" or "posting" is not the same as talking to someone for real. Many people don't get that.

M: Well, it was nice chatting with you ... the old-fashioned way.

M: 僕は、ソーシャルメディアを使って政治や社会に関する自分の考えをまくしたてる人の、意地の悪い投稿を見るのに疲れちゃったんだ。僕にとっては、目にした投稿の大半が気が滅入るほどネガティブで憎しみに満ちてさえいたから。

W: でも、あなたは大局を見失っていると思うわよ。ソーシャルメディアは他のどのメディアとも変わらないわ。人には自分の意見を主張し、本音を語る権利があって、ソーシャルメディアでその権利を行使できるのよ。誤解しないでね、ネットいじめは現実のものだし、私も好きじゃないわ。でもその一方で多くの人がソーシャルメディアのコミュニティーを通してたくさん精神的なサポートを受けているのよ。

M: 正直なところ、ネットにつなぐだけで友達や家族が何をしているのか見られる状態は懐かしいよ。連絡が途絶えていた友達を発見できるのも素晴らしかったね。

W: 私はソーシャルメディアの大ファンだけど、ショートメールや投稿は現実に誰かと話すこととは違うとはっきり区別しているわ。多くの人はそこを理解していないのよ。

M: まあ、君と話せてよかったよ……昔ながらの方式でね。

語注

① can't help but ...「…せずにいられない」
② freak out「~を不安にさせる、~をイライラさせる」
③ LinkedIn ※ビジネスに特化したソーシャル・ネットワーキング・サービス（SNS）とその運営企業。
④ price「対価、代償」
⑤ mean「意地の悪い、不愉快な」
⑥ spout「~をまくしたてる」
⑦ distinction「区別」

Outline Your Speech

スピーチの骨子（アウトライン）を作ります。
トピックに関する自分のアイデアをアウトライン化しましょう。

※ Step 1 と Step 2 を参考にしましょう。
※ 完全な文でなくても構いません。
※ 日本語で書いてから英訳しても構いません。
※ アイデアを思いつかない場合は右ページを参考にしましょう。

ト ピ ッ ク

Do social media have a negative impact on society?
ソーシャルメディアは社会にネガティブな影響を与えているか

Conclusion
結論

Point 1
論拠 1

　　　　＋補足

Point 2
論拠 2

　　　　＋補足

Point 3
論拠 3

　　　　＋補足

Conclusion [reprise]
結論【再】

アウトライン・サンプル

Conclusion

結論 Overall, social media can be beneficial to society.

全般的には、ソーシャルメディアは社会にとって有益となり得る。

Point 1

論拠 1 Some sites can be powerful business tools.

いくつかのサイトは強力なビジネスツールになり得る。

+補足

Social media networking helps people find jobs.

ソーシャルメディアで人間関係を築くことは、仕事を見つけることに役立つ。

Point 2

論拠 2 Social networking is good for keeping in touch.

ソーシャル・ネットワーキングは連絡を取るのによい。

+補足

Social media sites allow people to find and communicate with "lost friends."

ソーシャルメディアのサイトで「音信不通になっていた友人」を探してコミュニケーションを取ることができる。

Point 3

論拠 3 Social media can provide emotional support for users.

ソーシャルメディアは利用者の精神的な支えになり得る。

+補足

People can get relatively instant feedback when facing a problem.

問題にぶつかったとき比較的短時間で反応がもらえる。

Conclusion [reprise]

結論【再】 Social media can have some *pitfalls but overall can be a benefit to society.

ソーシャルメディアには多少の落とし穴はあり得るが、全般的には社会の利益となる可能性がある。

＊pitfall「隠れた危険、落とし穴」

Write Your Own Speech

アウトラインのメモをもとに160〜240ワードのスピーチ原稿を書きましょう。

※ サンプル・スピーチを読み／聞き、参考にしても構いません。
※ 原稿を書き上げたら2分で音読する練習を繰り返しましょう。

1
2
3
4
5
6
7
8
9
10
11
12
13
14
15
16
17
18
19
20
21
22
23
24
25

05-03

Do social media have a negative impact on society?

DAY
5

ソーシャルメディアは社会にネガティブな影響を与えているか

I do not think that social media have a negative impact on society. It's true that users' data can be abused, but I am convinced that the benefits outweigh the negatives. Three of those benefits are as follows.

The first benefit I'd like to ①highlight is social media's power as a business tool. Ninety six percent of employers use social media sometime in their recruiting process. By networking through social media, employers can find potential ②hires ③and vice versa.

Another benefit social media provides is in helping people keep in touch. For example, social media platforms like Facebook can aid someone in finding and communicating with a long-lost friend or relative. Social media sites allow people to communicate ④irrespective of time zones and distance.

A third beneficial service social media provides is that users can easily obtain emotional feedback. When facing a problem or other kind of ⑤indecision, people can get almost immediate feedback from their online community of friends. From where to eat lunch to help in a ⑥dire emergency, social media can provide the answers.

⑦In sum, while there are some problems with social media, overall, I believe all the benefits far outweigh any negatives. ⑧As such, I do not think that social media have a negative impact on society. (216 words)

語注
① highlight「〜を目立たせる」/② hire「従業員、社員」/③ and vice versa「逆もまた同様」/④ irrespective of ...「…にかかわらず」/⑤ indecision「ためらい、躊躇、優柔不断」/⑥ dire「差し迫った、ひどい」/⑦ in sum, ...「要するに…」/⑧ As such, ...「こういった事情で…、それゆえ…」

ソーシャルメディアが、社会にマイナスの影響を持つとは思いません。ユーザーのデータが悪用されかねないのは事実ですが、私は利点の方が欠点を上回っていると確信しています。その利点のうちの 3 つをこれから述べます。

私が強調したい最初の利点は、ビジネスツールとしてのソーシャルメディアの力です。96 パーセントの雇用主が採用プロセスのどこかの時点でソーシャルメディアを利用しています。ソーシャルメディアで人脈作りをすることで、雇用主は潜在的な従業員を見つけることができ、その逆もまた同じなのです。

ソーシャルメディアが提供するもう 1 つの利点は、人々が連絡を取り合う助けになることです。例えば、Facebook のようなソーシャルメディア・プラットホームは、長い間音信不通だった友人や親類を見つけてコミュニケーションを取る手助けができます。ソーシャルメディアのサイトによって、人々は時間帯や距離に関係なくコミュニケーションを取ることができるのです。

ソーシャルメディアが提供する 3 つ目の有益なサービスは、ユーザーが気持ちのこもった反応を容易に得られる点です。問題や決断できないことに直面したとき、オンラインコミュニティーの友人たちからほぼ瞬時に反応が得られます。どこでランチをしたらいいのかといったことから切迫した緊急事態における助力に至るまで、ソーシャルメディアは答えを提供することができるのです。

要するに、ソーシャルメディアにはいくらか問題はあるけれども、全体としてみると、利点が欠点を大きく上回っていると私は思います。こういったことから、ソーシャルメディアが社会にとって悪い影響を与えるとは思いません。

機能表現 ワンポイント解説

「A ではあるが B」

　スピーチ本文の 5 パラグラフ目には While A, B.「A ではあるが B」という譲歩の構文が使われています。こういった譲歩の表現は、自分の主張の前に「たとえ…でも」「…ではあるが」などと条件をつけるときに便利な言い方で、スピーチで多用されます。関連表現をチェックしましょう。

● **Even if** the two countries sign the treaty, the peace won't last.
その 2 カ国が条約を締結したとしても、平和は長続きしないでしょう。

● **Even though** the economy has improved, homelessness is still a problem.
経済は回復しましたが、ホームレス問題はいまだ残っています。

● **Although** euthanasia is widely opposed, more countries are making it legal.
安楽死への反対は多いけれども、多くの国が安楽死を合法化しています。

● **No matter what** we do from here forward, climate change cannot be prevented.
たとえ私たちがこの先何をしても、気候変動を防ぐことはできません。

● **Though** there were once massive rainforests here, they have all but disappeared.
かつてここには大きな熱帯雨林が存在しましたが、ほぼ消滅しています。

語注 euthanasia「安楽死」／ rainforest「熱帯雨林」

発音・発話 ワンポイント解説

息の強さと流れをせき止める、唇の強さで破裂音をしっかり出す

　impact (l.1)、percent (l.6)、employers (l.6)、process (l.7)、provide (l.9)、people (l.9)、keep in touch (l.9)、platforms (l.10) を、手のひらを口の前にかざして発音してみましょう。「p」のところで、破裂する息を感じられるように「息を唇でせき止めて破裂させる」練習をしましょう。touch の「t」も、「p」よりは弱いと思いますが、息の破裂を感じられますか。モデル音声は、「ポップガード」をマイクの前に置いて録音しているので、「破裂」が弱く聞こえますが、social media's power (l.5)、employers (l.6) を注意して聞くと、しっかり破裂していることが感じられます。この練習は、他の破裂音 [b][k][d] などにも応用できます。

DAY
5

ソーシャルメディアは社会にネガティブな影響を与えているか

DAY 6 — Do casinos benefit or harm their local communities?

カジノは地域社会の利益となるか、あるいは害となるか

カジノは観光資源として多くの国、都市で導入されてきました。観光客を呼び込み、地域の収益を大きく伸ばすことができる反面、ギャンブル依存症や犯罪、住環境や周辺の小売店への影響など多くの問題が予想されるため、賛否が大きく分かれ、盛んに議論が交わされています。このトピックで扱う論点は、公営ギャンブルの可否、各種依存症の問題、地域住民の権利、地域犯罪などのスピーチでも役立てることができます。

 Warm-up

次の例文を読み、聞き、音読しましょう。

1. It is widely said that casinos can bring significant economic benefits. The creation of new jobs and influx of tourism are two primary benefits often cited by casino proponents.

カジノが大きな経済的利益をもたらし得るということはよく言われている。新たな雇用の創出や観光客の流入が、カジノ推進派によってしばしば引き合いに出される、2つの主たる利益だ。

📖 influx「流入、殺到」／ tourism「観光旅行、(集合的に) 観光客」／ cite「～を引用する、～を引証する」／ proponent「擁護者」※proponents で「推進派」としている。

2. Generally, a percentage of casino revenue is slated for local government programs such as education, infrastructure and charity.

概して、カジノの収益の一定の割合は、地元の自治体の教育やインフラ、慈善事業などのプログラムに使うことになっている。

📝 a percentage of ...「…の一定の割合」/ be slated for ...「…に予定される」

3. Naysayers often claim that casinos in urban cities cannibalize smaller local businesses instead of generating new customers for them.

反対派の人たちはしばしば、都会のカジノは小さな地域産業の売り上げを奪ってしまい、新規顧客を増やすことはないと主張する。

📝 naysayer「常に反対する人、反対論者」/ cannibalize「～を減らす、～の売り上げを食う」

4. Whether or not the majority of casino patrons are locals is a big factor in determining if the casino actually benefits the local community.

カジノの客の大部分が地元民か否かが、カジノが実際に地域社会に利益をもたらすかどうかを決定する大きな要因となる。

📝 patron「顧客、ひいき客」

5. In order to lure in new customers and increase their profits, many new casinos are designed to be resort-style properties with hotels, restaurants and live entertainment. Because of this, the bulk of casino customers tend to not leave the casino property.

新規顧客を誘い込み利益を増やすため、多くの新しいカジノは、ホテルやレストラン、ライブエンターテインメントを含むリゾート型の施設になるように設計されている。このため、カジノ客の大多数はカジノ施設から外へ出ない傾向がある。

📝 lure in ...「…を誘い込む」

6. In July of 2018, Japan established a bill proposing a so-called Integrated Resort, and are moving towards the potential construction of casinos. The primary contenders to host such a casino resort include Osaka, Yokohama and Nagasaki, however there is strong opposition from residents of those cities.

日本では 2018 年7月にいわゆる統合型リゾート法案が成立し、カジノの建設に向けて動き出した。そのようなカジノリゾートの有力な建設候補地には大阪、横浜、長崎が含まれているが、候補都市の住民からの反対の声は強い。

contender「競合、競争相手」

---

7. A major concern with legalized gambling is that gambling can become an addiction. Gambling addicts often lose their homes, jobs and personal relationships.

ギャンブル合法化への主な懸念は、ギャンブルは中毒になり得るという点だ。ギャンブル中毒者はしばしば家庭や仕事、人間関係を失う。

legalize「～を合法化する」

---

8. In order to prevent gambling addiction, under the bill Japanese residents will be required to pay an entrance fee and the number of visits per a certain timeframe will be limited.

ギャンブル依存症を予防するために、法案では日本国民にはカジノ入場料を課したり、一定期間における訪問回数が制限されたりすることになっている。

---

9. Monaco is home to several famous casinos, including the Monte Carlo. Local laws, however, prohibit locals from setting foot in casinos unless they work there.

モナコは、ザ・モンテカルロなどのいくつかの有名なカジノの本拠地である。しかし地元の法律は、そこで働いているのでない限り地域住人がカジノに足を踏み入れることを禁じている。

the Monte Carlo「ザ・モンテカルロ」※モナコにある有名なカジノの名称。

---

10. Many residents in the communities where casinos are proposed raise concerns about an increase in crime. However, there is little data to support any increase in local crime due to the existence of casinos.

候補地の地域住民たちの多くは、カジノによる犯罪増加について懸念している。
ただし、カジノの存在による地域犯罪の増加を立証するデータはほとんどない。

📝 support「〜を支える、〜を立証する」

---

11. Casinos attract transient visitors and handle large sums of cash, which makes them vulnerable to money laundering and other financial crimes.

カジノには短期滞在の訪問客が多く大量の現金が扱われるので、資金洗浄やその他の金融犯罪に対して脆弱である。

📝 transient「短期滞在の」／ vulnerable「冒されやすい、弱点がある」／ money laundering「資金洗浄、マネーロンダリング」※犯罪に関係して不正に取得した資金を、金融機関との取引や口座を通すことで出所を分からなくすること。

---

12. Casinos have long been associated with crime and the mafia. However, some experts say this is because of the image propagated by Hollywood movies and TV.

カジノは長い間、犯罪やマフィアと関連付けられてきた。しかしそれはハリウッド映画やテレビによって広められたイメージのせいだと言う専門家もいる。

📝 be associated with ...「…と関連付けられる、…と結び付けられる、…を連想させる」／ propagate「〜を広める、〜を宣伝する」

---

13. Some studies have found that casinos can benefit elderly patrons through physical and mental stimulation.

いくつかの研究で、カジノは肉体的・精神的な刺激によって、高齢顧客の助けとなることが判明した。

STEP 2　Listening Quiz

トピックに関する会話を、メモを取りながら聞きましょう（会話のスクリプトは p.114）。

語られていた内容に合致するよう、次の各文の空所を埋めましょう。

※内容が分からない場合は繰り返し聞きましょう。聞きながら解答しても OK です。
※会話中の語句以外で解答しても構いません。
※英語が思い浮かばない場合は、日本語で書きましょう。　　　　　　解答例 p.112

1. The topic of this conversation is the potential for a casino to
(① 　　　　　) in Japan.

2. The woman does not gamble much herself, but she (② 　　　　　)
the idea of a casino.

3. The man is against the idea of casinos because he worries about
negative social (③ 　　　　　). Two of those are crime and
(④ 　　　　　).

4. The woman says Japan already has other forms of (⑤ 　　　　　)
gambling such as pachinko, horse racing and the lottery.

5. The woman doesn't think that crime or (⑥ 　　　　　)
would be much of a problem in Japan.

6. According to what he's read, the man is convinced that crime
tends to (⑦ 　　　　　) in areas where casinos are opened.

7. From the woman's point of view, the relationship between crime
and casinos is a (⑧ 　　　　　) from movies and TV.

8. A local (⑨ 　　　　　) was held where proponents discussed
the benefits casinos offered.

9. The woman says casinos are well-known for being a
(⑩ 　　　　　) for local governments and charities.

110

10. Two of the primary benefits casinos are said to offer are job creation and (⑪   ) stimulus.

11. According to the woman, casinos are not solely places to gamble, but provide a wide variety of (⑫   ).

カジノは地域社会の利益となるか、あるいは害となるか

Memo

① be opened
② supports
③ impacts
④ gambling addiction
⑤ legalized
⑥ problem gamblers
⑦ increase
⑧ stigma
⑨ town hall meeting
⑩ source of revenue
⑪ economic
⑫ entertainment

◀ クイズ英文の訳

1. この会話の話題は、日本にカジノが(①オープンする)可能性に関するものだ。

2. 女性は自分ではあまりギャンブルをしないが、カジノのアイデアを (②支持している)。

3. 男性はマイナスの社会的 (③影響) を心配しているため、カジノのアイデアに反対である。このうちの 2 つは犯罪と (④ギャンブル依存症) である。

4. 日本にはすでに、パチンコや競馬、宝くじといった他の形態の (⑤合法化された) ギャンブルが存在していると女性は言っている。

5. 女性は犯罪や (⑥問題ギャンブラー) が日本でそれほど問題になるとは考えていない。

6. 男性は読んだものによって、カジノがオープンした地域では犯罪が (⑦増加) しやすいと確信している。

7. 女性の視点では、犯罪とカジノの関係は映画やテレビに由来する (⑧烙印、汚名) である。

8. 地域の (⑨対話集会) が開催され、推進派の人々はカジノが提供する利益について議論した。

9. カジノは地方公共団体や慈善団体の (⑩収入源) になることがよく知られている、と女性は述べている。

10. カジノが提供できるとされる 2 つの主な利益は、雇用創出と (⑪経済的な) 刺激策である。

11. 女性によると、カジノは単にギャンブルをする場所ではなく、幅広い (⑫エンターテインメント) を提供する。

M: I hear that Japan is finally moving toward allowing a casino to open. What's your take on that?

W: To be honest, I think it's about time. I'm not ①big on gambling myself, but I do have many friends who are. They travel to Macau and Las Vegas several times a year. If Japan gets a casino, that money will all stay here.

M: Maybe so, but I'm still ②dead set against having a casino. I worry about negative social impacts, like the potential for crime and gambling addiction.

W: Personally, I am not ③convinced that those problems are that much of a factor. Japan already has other legalized gambling like pachinko, horse racing and the lottery. ④Problem gamblers will gamble ⑤regardless of where or how.

M: You're forgetting the aspect of crime. I've read that criminal activity tends to increase in communities where casinos are opened.

W: I've heard that too, but from what I have read there is little data to support that theory. I think that's an outdated ⑥stigma from movies and TV. Don't forget, casinos invest a lot of money in added security to protect their interests, so the ⑦immediate vicinity might ⑧prove to be even safer!

M: There was a town hall meeting broadcast on TV the other night. The ⑨recurring theme from proponents was job-creation and economic ⑩stimulus. I must say they painted a pretty attractive picture.

会話の訳

M: 日本はついにカジノをオープンすることを許す方向で動き出しているんだってね。この件について君の意見はどう？

W: 率直なところ、そろそろいい時期だと思うわ。私自身はそんなにギャンブル好きではないけれど、ギャンブル好きの友人がたくさんいてね。彼らはマカオやラスベガスに年に数回旅行しているの。もし日本にカジノができたら、その全部のお金は日本に残るのよね。

M: そうかもしれないけど、僕はカジノを作ることにはやっぱり断固として反対なんだ。社会にマイナスの影響があるのではないかと心配なんだよね、犯罪やギャンブル依存症の可能性とか。

W: 個人的には、そういう問題がそれほど大きな要因であるとは思えないのよ。日本にはすでにパチンコや競馬、宝くじのような他の合法ギャンブルがあるわよね。問題ギャンブラーは、場所や方法なんて関係なくギャンブルをするでしょう。

M: 君は犯罪の側面を忘れているよ。カジノができた地域では犯罪行為が増加する傾向があるって読んだことがあるよ。

W: それは私も聞いたことがあるけど、私が読んだところではその理論を立証するデータはほとんどないそうよ。それって映画やテレビ由来の、時代遅れの烙印だと思うわ。忘れないで、カジノは自分たちの利益を守るために追加のセキュリティーに大金を投資しているのだから、その近隣はより安全ってことになるかもしれないわよ。

M: この前の夜、地域の対話集会がテレビで放送されてたんだ。推進派が繰り返していた題目は、雇用創出と景気への刺激だった。実際、彼らはかなり魅力的な展望を述べていたよ。

W: I'm no expert, but casinos are well-known for being a source of considerable revenue for the local government and local charities.

M: Simply from a logical standpoint, the key question is whether those jobs and profits are new or are just cannibalizing money and staff from other local businesses.

W: Let's not forget the entertainment aspect. Casinos are not just gambling [11] venues. They have restaurants, shops and shows as well. I also think they increase the [12] property value of the surrounding areas.

M: I have a problem with that too. The majority of tourists and casino customers tend to not leave the casino property because they have everything they need there. How will they help stimulate local businesses then?

W: We'll just have to agree to disagree.

カジノは地域社会の利益となるか、あるいは害となるか

W: 私はまったく専門家じゃないけど、カジノは地方自治体や慈善団体の相当な収入源になっていることがよく知られているわ。

M: 単純に論理的な観点から言えば、鍵となる問題は、そういった仕事や利益が新規のものなのか、あるいは単に他の地元の産業のお金や従業員を奪っているだけなのかということだ。

W: エンターテインメントの側面も忘れないようにしましょうよ。カジノはただギャンブルをやる場所ではないわ。レストランやお店、ショーもあるのよ。それに周辺地域の資産価値も上げると思うの。

M: 僕はそこにも異議があるなあ。旅行者やカジノ客の大部分はカジノの敷地を出ない傾向にあるんだよ。必要なものはすべてそこにあるからね。だとしたら、地域の経済振興の助けになりようがないんじゃない？

W: 私たち、意見が一致しないことを認め合うしかないわね。

語注

① big on ...「…が大好きな」
② dead set against ...「…に断固として反対な」
③ convinced「確信した」
④ problem gambler「問題ギャンブラー、プロブレム・ギャンブラー」※習慣的なギャンブルによって生活や健康状態に問題が起きている人。
⑤ regardless of ...「…に関係なく、…に構わず」
⑥ stigma「烙印、不名誉の印」
⑦ immediate vicinity「すぐ近く」
⑧ prove to ...「…だと分かる、…だと判明する」
⑨ recurring「頻発する、繰り返す」
⑩ stimulus「刺激、興奮剤」
⑪ venue「開催地、現場」
⑫ property value「資産価値」

STEP 3 Outline Your Speech

スピーチの骨子 (アウトライン) を作ります。
トピックに関する自分のアイデアをアウトライン化しましょう。

※ Step 1 と Step 2 を参考にしましょう。
※ 完全な文でなくても構いません。
※ 日本語で書いてから英訳しても構いません。
※ アイデアを思いつかない場合は右ページを参考にしましょう。

ト ピ ッ ク

Do casinos benefit or harm their local communities?
カジノは地域社会の利益となるか、あるいは害となるか

Conclusion
結論

Point 1
論拠 1

　　　＋補足

Point 2
論拠 2

　　　＋補足

Point 3
論拠 3

　　　＋補足

Conclusion [reprise]
結論【再】

アウトライン・サンプル

Conclusion

結論   Casinos benefit their local communities.

カジノは地域社会の利益になる。

Point 1

論拠 1   They create jobs and stimulate the economy.

カジノは雇用を創出し景気を刺激する。

＋補足

Many of the jobs they provide are unique to the gambling
industry.

カジノが提供する仕事の多くはギャンブル産業特有のものだ。

Point 2

論拠 2   Casino revenues help support the local community.

カジノの収益は地域社会を支える手助けとなる。

＋補足

Education, infrastructure and local charities receive monetary
support.

教育やインフラ、地域の慈善団体が金銭的な支援を受け取る。

Point 3

論拠 3   Casinos attract domestic and international tourists.

カジノは国内と海外の旅行者を惹き付ける。

＋補足

Money spent by Japanese not travelling abroad to gamble
stays here.

ギャンブルのために海外旅行をしない日本人が使うお金が国内に残る。

Conclusion [reprise]

結論【再】 Casinos are a win not a gamble for their host cities.

カジノはホストとなる都市にとってギャンブルではなく成功だ。

カジノは地域社会の利益となるか、あるいは害となるか

Write Your Own Speech

アウトラインのメモをもとに160〜240ワードのスピーチ原稿を書きましょう。

※ サンプル・スピーチを読み/聞き、参考にしても構いません。
※ 原稿を書き上げたら2分で音読する練習を繰り返しましょう。

1
2
3
4
5
6
7
8
9
10
11
12
13
14
15
16
17
18
19
20
21
22
23
24
25

06-03

Do casinos benefit or harm their local communities?

DAY
6

カジノは地域社会の利益となるか、あるいは害となるか

Casinos tend to struggle with their negative stigma. However, I think there is no question that casinos represent a benefit to their local communities. The primary benefits they provide are as follows.

First off, opening a casino creates jobs and stimulates the economy. It's important to note that many of these jobs like dealers, ⁰pit bosses and slot machine mechanics, for example, are unique to the casino and gambling industry. Therefore, casinos are not simply taking away jobs from other local businesses.

On top of that, a considerable portion of revenues generated by casinos goes directly back to the local community. Education, infrastructure such as roads and construction projects, as well as local charities all benefit by receiving this monetary support.

In addition, casinos attract both domestic and international tourists. Money spent by Japanese who might choose not to travel abroad to gamble would stay in Japan and new money would enter the economy via visitors from other countries. The money they would spend inside and outside the casino would be ②injected directly into the local economy.

In conclusion, based on these points, I think casinos are a benefit to their local community. I believe casinos are not a gamble for their host cities but instead provide a ③win-win scenario.

(212 words)

語注
① pit boss「ピットボス」※ピット（カジノ内の１区画）の管理責任者の呼称。／
② inject「～を注ぎ込む」／③ win-win「ウィンウィンの、双方が満足できる」

カジノは地域社会の利益となるか、あるいは害となるか

カジノは否定的な烙印に苦しむ傾向があります。しかし、カジノは間違いなく地域社会にとっての利益となると私は思います。カジノが提供してくれる主な利益は次のようなものです。

まず、カジノを開くことで雇用が生まれ、経済が刺激されます。ディーラーやピットボス、スロットマシンの機械工といった仕事の多くは、カジノやギャンブル産業に特有であることに注目することが重要です。それゆえに、カジノは単純に地元の他の企業から仕事を奪い取っていくものではありません。

さらに、カジノによって創出される収益のかなりの部分は、直接地域社会に還元されます。教育や、道路や建設プロジェクトなどのインフラ、同様に地域の慈善団体も、この金銭的支援を受けることで利益を得るのです。

加えて、カジノは国内と海外の観光客の両方を惹き付けます。ギャンブルをしに海外旅行に出かけない日本人が使うお金が国内にとどまり、新たなお金が外国からの訪問客によって経済に入ってくるのです。彼らがカジノの内と外とで費やすお金は直接地域経済に注入されます。

結論として、これらの点を踏まえて、私はカジノは地域社会の利益になると考えます。カジノはホスト都市にとってギャンブルではなく、代わりにウィンウィン（win-win）のシナリオを提供してくれるものだと思います。

機能表現　ワンポイント解説　 06-04

「重要性を表す表現」

　サンプルスピーチの第 2 パラグラフに登場した It's important to ...「…することが重要だ」など、重要性を語る表現をチェックしましょう。スピーチの中では、自分が重要だと考えている点を強調して聞き手に伝えることは非常に大切です。この他にも、下記に紹介する vital「極めて重要な」、imperative「必須の」、critical「重大な」、key「重要事」などを含む言い回しも同時に身につけておきましょう。

● **The most important thing is** for people to stop being in denial.
最も重要なのは、人々が現実から目をそらすのをやめることです。

● **It is vital that** this issue be tackled in a non-partisan manner.
この問題には超党派的に取り組むことが不可欠です。

● **It is imperative that** the status quo be done away with.
現行の体制を廃止することが絶対に必要です。

● **It is critical that** we find a way to deal with the problem of gentrification.
高級住宅化の問題に対処する方法を見つけることは非常に重要です。

● **The key to** mitigating the climate crisis **is** stopping deforestation.
気候危機をやわらげる鍵は、森林破壊を食い止めることです。

> **語注** non-partisan「超党派の、党派心のない」／ imperative「必須の」／ status quo「現状、体制」／ gentrification「(都心部の貧民街の) 高級住宅化」／ mitigate「～をやわらげる、～を軽減する、～を緩和する」／ deforestation「山林伐採、森林破壊」

発音・発話　ワンポイント解説

いろいろな「o」の音を出し分ける

　【[ou] と発音する】casinos (l.1)、no (l.2)、local (l.3)、opening (l.5)、note (l.6)、go (l.12)、both (l.15)、scenario (l.23) にある「o」は、「オー」「オ」ではなく [ou]、最後に w の音に近い「ウ」が入ります。【[ə] と発音する】question (l.2)、communities (l.3)、provide (l.3)、economy (l.6)、of (l.6)、from (l.9)、portion (l.11)、construction (l.13)、domestic (l.15)、into (l.20) の下線部の「o」も、「オー」「オ」ではなく [ə] です。monetary (l.14) は、[ɑ] あるいは [ʌ]、economy (l.6) は [ɑ] など「オー」「オ」ではない「o」に注意しましょう。

DAY 7 Should Japan's mandatory retirement age be abolished?

日本の定年は廃止されるべきか

定年制は、日本の会社システムの中で長く維持されてきた制度ですが、少子高齢化による人手不足などによって、存続が厳しくなりつつあります。定年制を廃止すれば、労働人口の減少が抑制されるとともに、高齢者の生きがいが増し、健康年齢が上がることにもつながります。その反面、企業の世代交代が進まず組織の新陳代謝が妨げられるといった問題も生じかねません。この Day 7 で学習する事柄は、定年制というテーマに加えて、高齢化、外国人労働者受け入れ、年功序列制と能力主義など、多くのトピックでのスピーチに役立ちます。

 STEP 1 Warm-up

次の例文を読み、聞き、音読しましょう。

1. In Japan's labor system, a large proportion of workers work in firms that have a mandatory retirement age of between 60 and 65.

日本の労働制度では、労働者の多くが 60 歳から 65 歳の間に定年を定めた会社で働いている。

mandatory retirement age「定年」

2. The pay scale in Japan is based primarily on seniority, with bonuses that are seasonal rather than merit-based.

日本の給与体系は主に年功序列に基づいており、ボーナスは功績に基づくのではなく季節によって支払われる。

📝 pay scale「給与水準、給与体系」／ merit-based「功績・能力に基づく」

3. Comparing full-time, salaried workers and those that have been in part-time or contract positions, a staggering income gap occurs after the age of 50.

フルタイムの正社員と、パート社員や契約社員を続けてきた人を比べた場合、50歳を超えると信じられないほどの収入格差が生じる。

📝 staggering「膨大な、信じ難いほどの、あぜんとさせる」

4. Having a predetermined retirement age is the only tool for large corporations to budget their payout for employee compensation.

所定の退職年齢を設けることは、大企業にとって、従業員給与支払いの予算を組む唯一の手段だ。

📝 predetermined「前もって決まっている、所定の」／ budget「～を予算に組み込む」

5. Japan's lifetime employment and mandatory retirement system is considered rather unique from the perspective of the Western world.

日本の終身雇用制と定年制は、西洋諸国の視点から見るとかなり特殊なものとみなされる。

📝 mandatory retirement system「定年制」

6. In the U.S., were a company to implement a mandatory retirement policy it would almost certainly be viewed as age discrimination.

アメリカでは、企業が定年制の方針を採用したとしたら、ほぼ確実に年齢差別とみなされるだろう。

📝 implement「～を実施する」／ age discrimination「年齢差別」

7. Japan is experiencing a sudden increase in population aging. Currently 28 percent of the total population is over 65, and by 2065 that percentage is expected to increase to 38 percent.

日本では、高齢化が急速に進んでいる。現在、総人口に占める65歳以上の高齢者の割合は28パーセントで、2065年までには38パーセントまで増加する見込みだ。

8. The Japanese birth rate is also in decline, and its current population of approximately 120 million people is expected to dwindle to 86 million by the year 2060.

日本の新生児出生数も低下しており、日本の人口は、現在の約1億2000万人から、2060年には8600万人にまで減少すると予想されている。

📝 dwindle「次第に低下する」

9. Japan boasts the highest life expectancy rates in the world. This coupled with the downturn in newborns is translating into ballooning welfare costs and a dwindling tax base.

日本は、世界最長の平均寿命を誇っている。これが新生児の減少と相まって、福祉コストの急膨張と納税者数の減少につながっている。

📝 balloon「急に上昇する」

10. Due to its aging society, Japan is struggling to find workers to fill primarily blue-collar positions in a wide variety of fields.

高齢化社会の進行により、日本は多様な分野において、主にブルーカラーの職に就く労働者探しに苦慮している。

📝 aging society「高齢化社会」／ blue-collar「ブルーカラーの、現場労働者の」

11. The average life expectancy for Japanese in the year 2060 is anticipated to climb to 84 years of age for men and 90 years of age for women. Allowing people over 65 to continue to work if they are healthy enough to do so would translate into increased tax revenue and decreased pension funding burdens for the government.

日本の平均寿命は、2060 年には男性が 84 歳、女性が 90 歳まで上昇すると予想
されている。65 歳以上の人が十分健康であれば仕事を続けられるようにすること
によって、税収の増加や、年金財政負担の軽減につながる。

📝 tax revenue「税収」

12. The current system in Japan allows for employees who wish to do so to work until they are 65. However, the government is asking companies to either raise the age limit to 70, or to do away with the mandatory retirement age altogether. Many companies are opposed to either step, citing an increase in costs.

日本の現行制度では被雇用者が希望すれば 65 歳まで働き続けられる。しかし、
政府は企業に対し、この年齢を 70 歳に引き上げることや、定年を廃止すること
を求めている。多くの企業はコスト増になると主張し、どちらの方法にも反対し
ている。

📝 do away with ...「…を廃止する」

13. Doing away with a long-standing system like mandatory retirement would not be easy. It would require sweeping changes in how corporations operate as well as alter the expectations of employees.

定年制のような、長期にわたって続いているシステムを廃止することは容易では
ない。それは、企業の運営方法の全面的な変化を必要とするだけでなく、従業員
の期待を変化させもする。

📝 sweeping「全面的な」

14. Facing a shortage of workers, along with increasing the retirement age, Japan is also advocating hiring both more women and more foreigners than ever before.

労働者不足に直面して、日本では、定年年齢を引き上げるとともに、これまで以
上に多くの女性や外国人の雇用をしようという主張が広がっている。

📝 advocate「～を主張する、～を提唱する」

トピックに関する会話を、メモを取りながら聞きましょう（会話のスクリプトは p.132）。

語られていた内容に合致するよう、次の各文の空所を埋めましょう。

※内容が分からない場合は繰り返し聞きましょう。聞きながら解答しても OK です。
※会話中の語句以外で解答しても構いません。
※英語が思い浮かばない場合は、日本語で書きましょう。　　　　　解答例 p.130

1. The man is concerned because his father has been admitted to the hospital several times since (① 　　　).

2. According to the woman, the man's father is only (② 　　　). From her point of view, the father is still relatively young.

3. The man suspects his father's retirement is negatively affecting his (③ 　　　) and physical health.

4. The woman believes Japan needs to scrap its system of (④ 　　　).

5. The man agrees with her in general, but doesn't think such a big change can happen in the (⑤ 　　　).

6. The man says that abolishing the policy of mandatory retirement could help (⑥ 　　　) the labor shortage in Japan.

7. Some retirees are struggling to live on their (⑦ 　　　) alone.

8. Recently the government raised the (⑧ 　　　) from 60 to 65.

9. The woman views this as nothing more than a (⑨ 　　　) fix and does not consider it a solution.

10. Japan is dealing with an aging population because its
(⑩   ) rate is the highest in the world.

11. The man suspects (⑪   ) instability as a potential reason
Japan's younger generation is having fewer children.

12. As an American, the woman views the idea of mandatory
retirement as a type of (⑫   ).

DAY

7

日本の定年は廃止されるべきか

Memo

① retiring
② 62
③ emotional state
④ mandatory retirement
⑤ short-term
⑥ alleviate
⑦ pensions
⑧ pension eligibility age
⑨ temporary
⑩ life expectancy
⑪ financial
⑫ discrimination

クイズ英文の訳

1. 男性は、父親が（①退職）してから何度か入院しているため、心配している。

2. 女性によると、男性の父親は（② 62）歳だ。彼女の見方では彼の父親はまだ比較的若い。

3. 男性は、退職が父の（③精神状態）と健康に良くない影響を与えているのではと思っている。

4. 日本は（④定年）制度を破棄する必要があると女性は思っている。

5. 男性はおおむね女性と同意見だが、そういった大きな変化が（⑤短期間）に起こり得るとは考えていない。

6. 男性は、定年制度を廃止すれば、日本の労働力不足を（⑥緩和）できるかもしれないと言っている。

7. （⑦年金）のみでの生活に苦しんでいる退職者もいる。

8. 最近、（⑧年金支給開始年齢）を 60 歳から 65 歳に引き上げた。

9. 女性はこれを (⑨一時的な) 処置に過ぎず、解決策ではないと見ている。

10. 日本は、(⑩平均寿命) が世界で最も高く、人口の高齢化に直面しているところである。

11. 男性は、(⑪経済的な) 不安定さが、日本の若者世代が少子化になっている潜在的な理由ではないかと思っている。

12. アメリカ人として、女性は定年を (⑫差別) の一種であるとみなしている。

07-02

M: I'm worried about my father. He's been in and out of the hospital three times since his retirement!

W: Wow! I'm really sorry to hear that. He's only what, 62? He's still young!

M: I thought so, too. When he was still working, he almost never got sick. I think this has more to do with his emotional state than his physical health.

W: I think Japan needs to scrap its system of mandatory retirement. Just because a person turns 60, it's not like their performance suddenly degrades. Losing an experienced worker has to represent a loss for the company. In the U.S., forced retirement is seen as discrimination.

M: I agree with you in principle, but I'm not sure that is ①feasible in Japan, at least in the short term. The Japanese wage scale is primarily based on seniority, so as employees age, the financial burden on companies increases ②proportionately. That also makes it hard for companies to hire younger workers, and companies thereby tend to lose their source of innovation and competition.

W: You are exactly right. If the mandatory retirement age system is to be abolished, then the salary system needs to be changed from age-based to performance-based. Japanese corporations should be hiring people based on their ability, not based on their age.

M: Yeah. What's more, having a society that makes it easy for seniors with the ability and interest to work would help ③alleviate the labor shortage Japan is faced with. At the same time, it would also make life easier for retired seniors who are struggling to make ends meet on their pensions alone. The

会話の訳

M: 父さんのことが心配だよ。退職してから3回も入退院を繰り返しているんだよ！

W: ええ！　それはお気の毒ね。お父さんはまだ、えーっと——62歳だよね？まだ若いじゃない！

M: 僕もそう思った。まだ働いていたときは、ほとんど病気なんてしなかったんだ。これは身体的な健康というより精神状態に関係があると思う。

W: 日本は定年制を廃止する必要があると思うわ。60歳になったからといって、その人のパフォーマンスが急に悪くなるわけではないもの。経験のある労働者を失うのは企業にとっても損失になる。アメリカでは強制的な退職は差別とみなされているわよ。

M: 基本的には君に賛成だけど、少なくとも短期的に日本でそれが実現できるかどうか分からないなあ。日本の賃金体系は年功序列制が主だから、従業員が高齢化するにつれて、企業の財政負担は比例して大きくなってしまう。すると企業は若い人を雇うのが難しくなり、イノベーションや競争力の源泉を失いやすくなるよね。

W: あなたの言う通りね。定年制を廃止するなら、給料を年齢ではなく能力に基づいたものにする必要があるわ。日本の企業は、年齢ではなく、能力に基づいて人を雇うべきよ。

M: そうだね。それに、能力や関心のある高齢者が働きやすい社会になれば、日本が直面している労働力不足を緩和することにもなる。同時に、年金だけでは生活が厳しい引退した高齢者の生活を楽にすることにもなるよ。日本政府

Japanese government raised the pension ^④ eligibility age from 60 to 65, and there is talk about raising that number to 70 in the future. That would force people under 70 to secure a source of income aside from their pensions.

W: Not only that, Japan has the world's highest life expectancy rate, and the average life expectancy rate for Japanese in the year 2060 is anticipated to climb to 84 for men and 90 for women. That makes retiring at 60 or 65 seem early! Whether with a company, freelance or running their own business, it's better for people to keep working. Research has proven that continuing to work provides not only income but improves general health and well-being.

M: While still proportionately small, ^⑤ a percentage of the younger generation are choosing to ^⑥ stray from the path of salaried workers and choose more flexible and independent jobs. In concept, this is good, but I wonder if their financial instability is causing them to shy away from raising families. In postwar Japan, companies would assure lifetime employment, which, in turn, led to loyalty from their employees. This system allowed for the recovery and strengthening of Japan's economy.

W: But I don't think Japan is the same now. Japanese companies don't have the power they once did. Workers need to find a career path that suits them personally, as an individual. Abolishing the mandatory retirement age would provide Japan with an opportunity to change the way its citizens work.

M: That's true. To tell you the truth, though, I want to retire by 60 and enjoy my hobbies of cycling and traveling. If I wait until 70, there's no guarantee that I will be healthy enough to do that.

W: You have a point. When you put it that way, life is short!

は年金支給開始年齢を 60 歳から 65 歳に上げたところだし、将来的には 70 歳まで引き上げるという話もある。そうなると 70 歳未満の人は年金以外の収入源を確保せざるを得ないよね。

W: それだけじゃなく、日本の平均寿命は世界最高だし、2060 年の平均寿命は男性が 84 歳まで、女性が 90 歳まで伸びると予測されているでしょ。そうすると 60 歳や 65 歳なんて引退にはまだ早いと思うわ！ 企業に勤めていてもフリーランスでも会社経営をするにしても、人は働き続けた方がいい。働き続ければ収入が得られるだけじゃなく、健康面全般も改善するという研究結果もあるの。

M: まだ比較的少ないけれども、若い世代の何割かはサラリーマンの道を離れて柔軟で独立した仕事を選び出しているよ。コンセプトとしてはこれはいいんだけど、彼らの経済的な不安定さが、彼らに子育てすることを尻込みさせているんじゃないかなあ。戦後の日本では、企業が終身雇用を保障して、それが社員の忠誠心につながったよね。このシステムのおかげで日本経済は回復し、強化されたんだよ。

W: でも、もう今の日本は違うと思うの。日本企業にはかつてほどの力はないわ。労働者はもっと個人個人、自分に合うキャリアを見つけていかなければいけないわ。定年制の廃止は、日本人が働き方を変えるいい機会になるのよ。

M: そうだね。でも本音を言えば、僕は 60 歳で定年退職して、趣味のサイクリングや旅行を楽しみたいよ。70 歳になってからでは、そういうことを楽しむ健康や体力が残っている保証はないからね。

W: 確かに。そう考えると、人生は短いわね。

語注

① feasible 「実現可能な、うまくいきそうな」
② proportionately 「比例して、比較的」
③ alleviate 「～を軽減する、～を緩和する」
④ eligibility 「適格、適任」
⑤ a percentage of ... 「…の一定の割合」
⑥ stray from ... 「…から外れる、～から逸れる」

Outline Your Speech

スピーチの骨子（アウトライン）を作ります。
トピックに関する自分のアイデアをアウトライン化しましょう。

※ Step 1 と Step 2 を参考にしましょう。
※ 完全な文でなくても構いません。
※ 日本語で書いてから英訳しても構いません。
※ アイデアを思いつかない場合は右ページを参考にしましょう。

ト ピ ッ ク

Should Japan's mandatory retirement age be abolished?
日本の定年は廃止されるべきか

Conclusion
結論

Point 1
論拠 1

＋補足

Point 2
論拠 2

＋補足

Point 3
論拠 3

＋補足

Conclusion [reprise]
結論【再】

アウトライン・サンプル

Conclusion

結論 The system of mandatory retirement should be abolished.

定年制は廃止されるべきだ。

Point 1

論拠 1 Abolishment would help the economy.

廃止すれば経済の助けとなる。

+補足

Healthy, senior workers could fill the labor shortage gap.

健康な高齢の労働者が労働力不足の空白を埋めることができる。

Increased income for the elderly would alleviate stress on pension funds.

高齢者の収入が増えれば、年金制度の負担が和らぐだろう。

Point 2

論拠 2 Keeping people working can help reduce health care costs.

人々に仕事を続けさせれば、医療コストを削減できる。

+補足

Increased activity can improve the health of the elderly.

活動が増えれば高齢者の健康状態が改善する。

Point 3

論拠 3 Forced retirement based on age is a form of discrimination.

年齢を理由とした強制的な退職は差別の一種だ。

+補足

Companies should hire employees based on their ability, not their age.

企業は、年齢ではなく能力によって従業員を雇うべきである。

Conclusion [reprise]

結論【再】 The system of mandatory retirement should be abolished.

定年制は廃止されるべきだ。

日本の定年は廃止されるべきか

137

Write Your Own Speech

アウトラインのメモをもとに160〜240ワードのスピーチ原稿を書きましょう。

※ サンプル・スピーチを読み／聞き、参考にしても構いません。
※ 原稿を書き上げたら2分で音読する練習を繰り返しましょう。

1
2
3
4
5
6
7
8
9
10
11
12
13
14
15
16
17
18
19
20
21
22
23
24
25

サンプル・スピーチ

07-03

Should Japan's mandatory retirement age be abolished?

Whether or not the Japanese system of mandatory retirement should be done away with is a hotly debated topic. Personally, I think it should be abandoned for the following three reasons.

For starters, Japan is struggling with a huge downturn in its working age population. If healthy employees over 65 could remain in the labor force, that could help alleviate the stress on the pension system specifically and the economy in general.

Furthermore, Japan's aging society is causing health care costs to balloon. It has been said that there is a [1]correlation between continuing to work and being healthy. Allowing retirees who wish to continue to work to do so would improve their health, well-being and [2]mental acuity.

The third reason is, forcing an individual to retire based solely on their age is basically a kind of discrimination. Japanese firms should be paying their workers based on the employee's skills or performance, not simply their age.

To conclude, the change will not be painless or quick, but for the reasons stated above I believe Japan's system of mandatory retirement should be abandoned. (188 words)

語注
① correlation「相関関係」／② mental acuity「知力」

日本の定年は廃止されるべきか

日本の定年制をなくすべきかどうかは盛んに議論されているテーマです。個人的には、次の3つの理由から、定年制は廃止されるべきだと考えています。

まず、日本は生産年齢人口の大幅な減少に苦しんでいます。65歳を超えた健康な従業員が労働力として留まれば、とりわけ年金システムの、そして経済全般の負担を緩和するのに役立つでしょう。

さらに、日本の高齢化社会が医療費を急増させています。働き続けることと健康でいることとの間には相関関係があると言われています。仕事を続けたいと望む退職者が働けるようにすれば、彼らの健康や幸福、知力などを改善することになるでしょう。

3つ目の理由は、年齢のみに基づいて個人を強制的に退職させるのは、基本的に一種の差別であることです。日本企業は年齢だけではなく、技能や実績に応じて従業員に給与を支払うべきなのです。

結論として、変革は無痛ではなく素早く進むものでもありませんが、すでに述べた理由から日本の定年退職制は廃止されるべきものだと私は思っています。

機能表現　ワンポイント解説　07-04

「関連・つながり・貢献を表す表現」

　サンプル・スピーチの第3パラグラフの ... there is a correlation between A and B.「A と B の間には相関関係がある」は、2つの物事の関連性を伝える表現です。ここでは、2者の関連や関係を伝える connection「つながり」、relationship「関係」や、片方からもう一方への貢献や関連を伝える lead to ...「…へとつながる」などの表現を確認しましょう。

● **There is a strong connection between** the burning of fossil fuels **and** global warming.
化石燃料の燃焼と地球温暖化には強い関連性があります。

● **The relationship between** secondhand smoke **and** cancer is still being disputed.
受動喫煙とがんの関係については、いまだに論争がなされています

● In Japan, tattoos **are** commonly **associated with** organized crime and the mafia.
日本では、入れ墨は一般的に組織犯罪や暴力団と関連付けられています。

● Changing the current legislation could **lead to** dramatic changes in the way banks operate.
現行の法制度を変えることは、銀行の経営の在り方における劇的な変化につながる可能性があります。

● Traveling abroad **contributes to** a person having a better understanding of their own culture.
海外を旅することは、自分自身の文化をより良く理解することにつながります。

発音・発話　ワンポイント解説

絶対間違えたくない「ow」と「a」の発音

　foll<u>ow</u> (l.3) と all<u>ow</u> (l.10) の「ow」は音が違います。allow の方は、d<u>ow</u>n や、h<u>ow</u> と同じ [au] です。次に「a」の音。deb<u>a</u>te (l.2)、<u>a</u>ge (l.5)、popul<u>a</u>tion (l.5)、allevi<u>a</u>te (l.6)、correl<u>a</u>tion (l.9)、b<u>a</u>sed (l.13)、discrimin<u>a</u>tion(l.14)、ch<u>a</u>nge(l.17) の下線部「a」はすべて [ei] です。「えー」「え」にならないように。鏡やスマホのカメラをつかって、allow と言ってみてください。ow のところは、大きく口をあけて [a] が始まり、最後は、唇がすぼまった形になって [u] という音が出ているでしょうか。自分の口を見ながら [ei] と言ってみてください。言い切ったときに、口が「思いっきり」横に広がっていますか。

DAY 8) Agree or disagree: Married couples should use the same surname

日本では民法上、結婚した夫婦は同じ姓を持つよう定められています（2020年8月現在）。夫婦どちらの姓も選べるのですが、現状では男性の姓を選択するカップルが多く、女性側に不便や不利益が生じています。夫婦同姓を法律で定めている国は世界でも非常にまれですが、家族のきずなを守る大事な伝統だという意見もあります。Day 8 では同制度への賛否や別姓使用の場合の利益・不利益などを検討していきます。ここで押さえた論点は、男女平等、女性とキャリアなどに関するスピーチでも応用できます。

Warm-up

次の例文を読み、聞き、音読しましょう。

1. Article 750 of Japan's Civil Code stipulates that married couples must adopt one or the other of their surnames after marriage.

日本の民法750条は、夫婦は結婚後どちらかの姓を採用しなければならないと規定している。

📝 stipulate「～を規定する、～を明記する」

2. Rhetoric in opposition to changing this policy cites tradition, but the law requiring married couples to use a single surname has only been in existence for 120 years.

この方針の変更に反対する側のレトリックは伝統を引き合いに出すが、夫婦が1つの姓を使用することを要求する法律は成立してから120年しか経っていない。

📝 rhetoric「レトリック、美辞麗句、巧言」

3. Japan is the only country among industrialized nations that demands a surname change after marriage. The U.N. Committee on the Elimination of Discrimination Against Women has repeatedly asked Japan to revise the current laws.

先進工業国の中で、日本は婚姻後の姓の変更を要求する唯一の国だ。国連・女子差別撤廃委員会は、現行法を改めるよう繰り返し日本に求めている。

📝 industrialized nations「先進工業国、先進国」

4. According to a survey in 1996, only approximately 4 percent of husbands in Japan take on their wife's family name.

1996年の調査によると、日本では妻の姓を名乗る夫は約4パーセントに過ぎない。

5. In December of 2015, Japan's Supreme Court ruled that the law requiring married couples to use a single surname did not violate the Japanese Constitution.

2015年12月、日本の最高裁は、夫婦が1つの姓を使用することを要求する法律は日本国憲法に反していないという判決を下した。

📝 rule「～を裁定する、～を決定する」

6. Many people fear that deviating from the norm of a woman using the husband's family name will be detrimental to social family values and morals.

多くの人が懸念しているのは、女性が夫の姓を使うという規範から逸脱することが、社会的な家族の価値観や道徳観を損なうのではないかということである。

📝 deviate「逸れる、逸脱する」／ norm「規範、基準」／ detrimental「有害な」

7. Japanese law does allow for partners of international marriages to use separate surnames. This represents a clear and untenable double standard.

日本の法律は、国際結婚のパートナーたちには別姓を使用することを許している。これは明らかに擁護できないダブルスタンダートだ。

📝 untenable「擁護できない」

---

8. In the U.S., it is not uncommon for married women to keep their maiden name, or to combine it with their husband's family name.

アメリカでは、結婚した女性が旧姓をそのまま使ったり、旧姓を夫の姓と合体させたりすることは珍しくない。

📝 maiden name「既婚女性の旧姓」

---

9. Over the past 50 years in particular, more women have entered the professional arena. One of the biggest reasons women may want to continue to use their family name is that they have earned prominence or prestige prior to being married.

特に過去50年の間に、より多くの女性が仕事の舞台に進出してきた。女性が自分の姓を保ちたいと思う大きな理由の1つは、彼女たちが婚姻前に重要性や高い評価を得ていることである。

📝 prominence「目立つこと、卓越」／ prestige「名声、威信」

---

10. About 50 percent of Japanese companies allow female workers to continue to use their maiden names instead of their legal married names.

約50パーセントの日本企業が、女性社員に法によって定められた結婚後の姓の代わりに、旧姓を使い続けることを認めている。

---

11. Before the Meiji Restoration, many commoners didn't even have family names. The practice was eventually adopted for tax collection and census purposes.

明治維新以前、多くの庶民は姓を持ってさえいなかった。その慣習は徴税と国勢調査の目的でようやく採用された。

📝 commoner「庶民、平民」／ census「国勢調査」

12. In Japan, it is said that maintaining family lineage is culturally and socially important.

日本では、家系を維持することが文化的にも社会的にも重要だとされている。

lineage「家系、血統」

STEP 2 Listening Quiz

08-02

トピックに関する会話を、メモを取りながら聞きましょう（会話のスクリプト
は p.150）。

語られていた内容に合致するよう、次の各文の空所を埋めましょう。

※内容が分からない場合は繰り返し聞きましょう。聞きながら解答しても OK です。
※会話中の語句以外で解答しても構いません。
※英語が思い浮かばない場合は、日本語で書きましょう。　　　　　　　解答例 p.148

1. This topic was brought up because of an (①   ) the
   woman read in a newspaper.

2. The initial defense the man gives for upholding the law requiring
   married couples to use a single surname is (②   ).

3. According to the woman, in the U.S., it's common for women
   to change their (③   ) name but it is not compulsory.
   Combining both family names is quite normal.

4. Prior to the (④   ), most Japanese didn't even use
   surnames. A family-name system was implemented to help collect
   taxes.

5. Many Japanese fear that changing the current system might
   (⑤   ) social values and morals.

6. From the woman's point of view, the policy puts an unfair
   (⑥   ) on women, because they are expected to change
   their names.

7. The woman believes men would not get married if taking on their
   partners' family names were a (⑦   ) of marriage.

8. Historically, family (⑧   ) have always been considered
   important in Japan.

9. Family names are more important to women today because many have professional (⑨   ) before they get married.

10. Overall the man doesn't seem to understand the (⑩   ) of this issue. He thinks the government should be focused on other things.

11. The Supreme Court in Japan has (⑪   ) that the policy of having to use a single surname is not in violation of the Constitution.

12. The woman believes that this issue should be a matter of (⑫   ).

Memo

① article/op-ed
② tradition
③ maiden/family
④ Meiji Restoration
⑤ be detrimental to / negatively impact
⑥ burden
⑦ condition
⑧ lineages/bloodlines
⑨ careers/reputations
⑩ importance/significance
⑪ ruled/determined
⑫ freedom of choice

クイズ英文の訳

1. この話題は、女性が新聞で読んだ (①記事/特集記事) が元で持ち出された。

2. 夫婦に 1 つの姓を使うことを求める法律を擁護するために男性が最初に出した弁明は、(②伝統) である。

3. 女性によると、アメリカでは女性が (③旧姓/氏) を変えるのはよくあることだが義務ではない。両家の名前を合体させるのはごく普通だ。

4. (④明治維新) 以前には、ほとんどの日本人は姓を持ってさえいなかった。家族姓の制度は徴税の助けとして採用された。

5. 多くの日本人は、現在のシステムを変更すると、社会的な価値や道徳観に (⑤害がある/否定的な影響が出る) かもしれないと恐れている。

6. 女性の見方では、この政策は女性たちに不公平な (⑥負担) を与えている。なぜなら、女性たち側が姓を変えることを求められるからだ。

7. パートナーの姓を名乗ることが結婚の (⑦条件) ならば、男性たちは結婚しようとしないだろうと女性は考えている。

8. 日本では、歴史的に家族の（⑧血筋／血統）が重要だと考えられてきた。

9. 多くの女性が、結婚前に仕事の（⑨キャリア／評価）を持っているため、姓は今日の女性にとってより重要なものになっている。

10. 概してこの男性は、この問題の（⑩重要性）を理解していないようだ。彼は政府は他のことに注力すべきだと思っている。

11. 日本の最高裁は、1つの姓を使用しなければならない方針は違憲ではないと（⑪裁定した／決定した）。

12. 女性は、この問題は（⑫選択の自由）の問題であると考えている。

会話のスクリプト

W: I just found out from an ①op-ed in the newspaper that Japanese law ②dictates that married couples have to use a single surname! I didn't realize any country still had such ③archaic legislation!

M: That is a long-standing tradition. A woman usually takes on her husband's family name when they get married. Isn't it that way in the U.S., too?

W: Well, in fact, that is still traditional in the U.S., but it's not uncommon for married women to keep their maiden name or to combine it with their husband's family name. More important, though, is that people are free to choose.

M: I just don't see what all the ④fuss is about. This is the way it has always been.

W: Truth be told, it hasn't always been that way. According to the newspaper, before ⑤the Meiji Restoration, most commoners didn't even use family names! So, claiming that "tradition" is the reason for this is ⑥ludicrous.

M: You make a good point there. I have to give you that. Still, I'm inclined to think that letting people use whatever names they choose might be ⑦detrimental to the morals and social fabric of Japan.

W: You can't honestly believe that! And even if you do, it is still unfair for people not to have a choice. Especially given that most of this burden is on women. Why should they be forced to change their names?

M: They're not! The husband can take on the wife's family name.

会話の訳

W: 新聞の特集記事で知ったんだけど、日本の法律では、夫婦は1つの姓を使わなければならないと規定しているのね！ そんな旧態依然とした法律をまだ持っている国があるなんて知らなかったわ！

M: それは長く続いている伝統なんだよ。結婚すると、たいてい女性が夫側の姓を名乗るんだ。アメリカでもそうじゃないの？

W: そうね、実はそれ、アメリカでもまだ伝統ではあるけど、結婚した女性が旧姓をそのまま使ったり、男性の姓と合わせたりするのは珍しくないのよ。でもそれよりも重要なのは、自由に選べるってことね。

M: 何を騒ぎ立てているのか僕には分からないよ。これってずっと続いてきた形だよね。

W: 実は、ずっとそうだったわけじゃないの。新聞によると、明治維新以前はほとんどの庶民は姓を使ってさえいなかったんだって！ だから、「伝統」が理由だなんて主張はばかげたことなのよ。

M: そこは、いい点をついているね。その点は認めるよ。それでも、人々にどんな名前でも選んで使わせていいなら、日本の道徳や社会の骨組みに有害かもしれないと僕は考えてしまうんだ。

W: まさか、本気でそう思っていないわよね！ そうだとしても、選択できないというのはやっぱり不公平よ。特にこの負担の大部分が女性にかかっていることを考えるとね。なぜ女性は姓を変えることを強いられるの？

M: 強いられてはいないよ！ 夫だって妻側の姓を名乗ることができるよ。

W: Come on! Surveys show that happens less than [8] 5 percent of the time. If that were a condition of marriage for men, they wouldn't get married. Japan has been and still is very slow to treat men and women the same.

M: Here, maintaining familial [9] lineage is considered extremely important, socially and culturally. Keeping the family name [10] intact is important. If several names are used, children could be confused as to what name they should then use.

W: If that's the case, wouldn't it be better to have option? Not to mention that in this day and age, from athletes to CEOs, women often have careers and [11] make names for themselves before getting married.

M: Even so, I just don't see what all the fuss is about. Certainly, the government has more important laws and legal revisions to consider.

W: What could be more important than equal rights, freedom of choice, and joining the rest of the developed nations in the world! Doesn't Japan have a Constitution?

M: Of course, it does. Not only that, the Supreme Court ruled that the Civil Code policy does not violate the Constitution!

W: In the overall scheme of things, giving people a choice will probably not affect the majority. So why not let the people choose for themselves?

W: 何を言ってるの！　調査ではそれは5パーセント未満の確率でしか起こらないことなのよ。もしそれが男性にとっての結婚の条件なら、男性は結婚しないでしょう。日本は男女を同じように扱うことが、これまでも、そしていまだに、ものすごく遅れているわ。

M: ここ（日本）では、家族の血統を守ることは社会的にも文化的にもとても重視されているんだよ。家族の姓をそのまま維持することが重要なんだ。もし複数の姓を使うのなら、子どもたちがどの姓を使うべきかで混乱するかもしれない。

W: もしそうなら、選択肢があった方がよくない？　この時代に言う必要もないけど、アスリートからCEOに至るまで、多くの女性が結婚前にキャリアを積んで有名になっているでしょう。

M: だとしても、僕には大騒ぎしている理由が分からないんだ。確かに、政府には検討すべきもっと重要な法律や法改正があるんだよ。

W: 何が、平等や選択の自由、世界の先進諸国の仲間入りすることよりも重要なことになり得るの！　日本には憲法がないの？

M: もちろん、あるよ。それだけじゃなく、最近、最高裁は民法の指針は違憲ではないという判決を下しているよ！

W: すべてを考慮に入れれば、人々に選択肢を与えても大勢には影響はないわ。だったらどうして人々に自分たちで選ばせないのかしら？

語注

① op-ed「（社説の対向にある）特集ページ、特集記事」※ opposite editorial の略。
② dictate「～を規定する」
③ archaic「旧態依然とした」
④ fuss「大騒ぎ、騒ぎ立てること、騒動、口論」
⑤ the Meiji Restoration「明治維新」
⑥ ludicrous「ばかげた」
⑦ detrimental「有害な」
⑧ ... percent of the time「…パーセントの確率で」
⑨ lineage「血筋」
⑩ intact「手をつけていない、損なわれていない」
⑪ make a name for oneself「名を上げる、有名になる、一家をなす」

Outline Your Speech

スピーチの骨子（アウトライン）を作ります。
トピックに関する自分のアイデアをアウトライン化しましょう。

※ Step 1 と Step 2 を参考にしましょう。
※ 完全な文でなくても構いません。
※ 日本語で書いてから英訳しても構いません。
※ アイデアを思いつかない場合は右ページを参考にしましょう。

トピック

Agree or disagree: Married couples should use the same surname
賛成か反対か：結婚したカップルは同じ姓を使うべきだ

Conclusion
結論

Point 1
論拠 1

　　　＋補足

Point 2
論拠 2

　　　＋補足

Point 3
論拠 3

　　　＋補足

Conclusion [reprise]
結論【再】

アウトライン・サンプル

Conclusion

結論　<u>Disagree.</u> Married Japanese couples shouldn't have to use a single surname.

反対。日本の夫婦は 1 つの姓を強制されるべきではない。

Point 1

論拠 1　It is not a matter of tradition.

伝統の問題などではない。

　　＋補足

The law requiring married couples to use a single surname is less than 150 years old.

夫婦に 1 つの姓を使用するよう求める法律は、150 年の歴史もない。

Point 2

論拠 2　Women are expected to change their names.

女性が姓を変えることを期待されている。

　　＋補足

Many women today have professional careers and want to continue using their original surnames.

今日、多くの女性が仕事のキャリアを持っており、自分の元々の姓を使い続けたがっている。

Point 3

論拠 3　This issue negatively affects Japan's international reputation.

この問題は日本の国際的な評判にマイナスの影響を持つ。

　　＋補足

Most industrial nations have abolished similar laws.

ほとんどの先進国は同類の法律をすでに廃止した。

Conclusion [reprise]

結論【再】 Married couples in Japan shouldn't have to choose or use only one surname.

日本の夫婦は、ただ 1 つの姓を選んだり使ったりすることを強制されるべきではない。

STEP 4 ▶ Write Your Own Speech

アウトラインのメモをもとに160〜240ワードのスピーチ原稿を書きましょう。

※ サンプル・スピーチを読み/聞き、参考にしても構いません。
※ 原稿を書き上げたら 2 分で音読する練習を繰り返しましょう。

1
2
3
4
5
6
7
8
9
10
11
12
13
14
15
16
17
18
19
20
21
22
23
24
25

サンプル・スピーチ

08-03

Agree or disagree: Married couples should use the same surname

Currently, the Japanese Civil Code dictates that married couples must decide on and use one family name legally. I, for one, disagree with the policy. I don't think married couples should have to use the same surname, for the following three reasons.

To begin with, the reason members of the Diet most commonly give for refusing to ① revise the Civil Code is "tradition." But this is ② deceptive, since the policy involved has only been around for less than 150 years.

Second, the effects of this system can be seen as discrimination against women. Women are expected to give up their maiden names and that is simply unfair. The past few decades have seen an increasing number of women ③ rise to prominence in the workplace. They often gain prestige that is associated with their family name long before marriage. They deserve the right to keep using that name legally.

Lastly, laws like this negatively affect Japan's international reputation and image. Almost all of the other developed nations around the globe have revised their laws to give people the option to choose or make up their legal, married names ④ as they see fit.

These are the three reasons why I think married couples in Japan shouldn't have to choose or use one surname. (221 words)

DAY 8

賛成か反対か：結婚したカップルは同じ姓を使うべきだ

語注
① revise「～を見直す、～を改定する」／② deceptive「ごまかしの、当てにならない」／③ rise to prominence「有名になる」／④ as ... see fit「…がいいと思うように、…が好きなように」

現在、日本の民法は、夫婦は法律上1つの姓を決め使用しなければならないと規定しています。私としては、この方針には反対です。次の3つの理由で、夫婦は同じ姓を強制されるべきではないと思います。

まず、民法改正を拒否する理由として国会議員がよく口にするのは、多くの場合「伝統」です。しかし、関連の政策は実施から150年も経っていないのですから、これはごまかしです。

第2に、このシステムの効力は女性差別とみなし得るものです。女性は自分側の姓を捨てるように求められており、これはまったくの不公平です。過去数十年、職場で名を上げる女性が増えてきました。結婚よりもかなり前に、彼女たちの姓と結びついた高い評価を獲得することも多くなりました。彼女たちには、法的にその名前を使い続ける権利があるのです。

最後に、こういった法律は日本の国際的な評判やイメージにマイナスの影響を与えます。地球上の他のほぼすべての先進国は法律を改正し、人々がいいと思うように適法な婚姻姓を選んだり作ったりする選択肢を与えてきました。

これら3つの理由で、日本の夫婦が1つの姓を選んだり使ったりすることを強制されるべきではないと私は考えています。

機能表現　ワンポイント解説

08-04

「反対する」

　サンプル・スピーチの第 1 パラグラフでは、disagree with ...「…に同意できない」というフレーズを用いて話者が自らの反対意見を述べています。このようにスピーチの冒頭で、自分の立場をはっきりと打ち出すことは重要です。ここでは類似表現の be opposed to ... / be against ...「…に反対だ」などを確認しましょう。

● **I am opposed to** opening a casino or any other gambling establishment in our town.
　私たちの町に、カジノやその他のいかなるギャンブル施設も開設することには反対です。

● **I'm strongly against** the arbitrary use of facial recognition technology because I think it is a violation of my privacy.
　プライバシーの侵害だと思うので、顔認証技術の勝手な使用には断固反対です。

● **I disapprove of** the government wasting billions of taxpayer money on things we don't need.
　納税者が必要としないものに、政府が何十億ものお金を無駄に費やすことは認められません。

● **To me, it's not acceptable for** people **to** force their personal political or religious views on others.
　自分の政治的あるいは宗教的な考えを他者に押しつけることは、私にとっては容認できないことです。

　語注 arbitrary「勝手な、恣意的な」／ violation of one's privacy「プライバシーの侵害」

発音・発話　ワンポイント解説

数をしっかり伝える

　150 years (l.8) —— fifty なのか、fifteen なのか、判断しづらい発音になっていませんか。Day 7 でも数字を述べる個所がありました。1 から 20 までの数字と、14 と 40、15 と 50 などを、子どもに教えるようなつもりで、大げさに発音する練習をしておきましょう。また、123,456,789 であれば、one-hundred and twenty-three million, four hundred and fifty-six thousand, seven hundred and eighty-nine. と and を、あえて、きちんといれて読む練習をしておくとよいでしょう。21,003 など、00 があるときは、twenty-one thousand and three と and は省略しないのが普通です。

Is hosting a major sporting event really worth it?

大きなスポーツイベントを開催する価値は本当にあるか

オリンピック、サッカーやラグビーのワールドカップ、陸上のアジア競技大会など、大規模な国際スポーツイベントはほぼ毎年どこかの国や都市で開催されています。しかし、イベント開催には膨大な費用がかかり、地域住民に負担をかけています。また、オリンピック開催国は大会終了後に景気が悪化するともいわれています。Day 9 では大規模スポーツ大会開催の価値について論じます。ここで扱った論点やロジックは、インバウンド観光とその影響、税とその用途、組織の腐敗、文化遺産などのテーマにも転用できます。

 STEP
1

Warm-up

 09-01

次の例文を読み、聞き、音読しましょう。

1. A "major sporting event" is a generic term for a multi-national competition that takes place in different cities or countries around the globe. The Olympics, the FIFA World Cup and the Rugby World Cup are a few examples.

「スポーツのメジャー大会」は地球上のさまざまな都市や国々で行われる国際競技会の総称である。オリンピックや FIFA ワールドカップ、ラグビーワールドカッ

プなどがその例だ。

📖 generic term「一般名称、総称」／ FIFA World Cup「FIFA ワールドカップ」※国際サッカー連盟（FIFA）が主催するサッカーの世界選手権大会。

大きなスポーツイベントを開催する価値は本当にあるか

2. Hosting these events brings a number of short-term and long-term economic benefits to the host countries.

こうしたイベントを催すことは、ホスト国には短期的にも長期的にも多くの経済的メリットをもたらす。

📖 host「～を主催する、～の主人役を務める」／ host country「ホスト国、主催国」

3. Economic stimulus, an increase in tourism, an injection of foreign capital and better infrastructure are all considered benefits host nations are hoping for.

経済刺激、観光の増加、外国資本の注入、そしてインフラの改善はすべて、ホスト国が望んでいる利点だと考えられている。

📖 injection「注入、投入」

4. National unity and civic pride are two cultural advantages that all host countries enjoy leading up to the hosting of an event.

国の一体感と市民としての誇りは、すべてのホスト国がイベントの開催に至るまでに享受できる、2 つの文化的利点である。

📖 lead up to ...「…につながる、…に至る」

5. Hosting a major sporting event can raise awareness of those sports among citizens of the host country, and subsequently more people will play them. As a result, the country can expect an increase in the overall health of its citizens.

スポーツのメジャー大会を主催することは、ホスト国の市民のそのスポーツへの関心を高めることができ、その結果、そのスポーツをする人が増える。結果的に、国民の全体的な健康増進が期待できる。

6. In particular, developing nations can benefit from hosting international sports events because it allows them to have a presence on the world stage.

特に発展途上国は、国際的なスポーツイベントを主催することで、世界に存在感を示すことができるため恩恵を受けることができる。

---

7. Preparing for these major events is an extremely expensive undertaking. Huge amounts in taxpayer money is spent on infrastructure such as transportation, stadiums and other facilities, as well as security.

これらの大きなイベントの準備は非常に金がかかる事業である。輸送設備、スタジアムやその他の施設といったインフラ、さらにはセキュリティーにも巨額の納税者のお金が費やされる。

📓 undertaking「仕事、事業」

---

8. Countries and organizations spend tens of millions of dollars simply preparing and submitting proposals in their bid to be considered for selection as a host, with no guarantee of being chosen.

国や組織は、選ばれる保証もないのに、ホスト国選考に立候補するための提案書の準備と提出のためだけに、数千万ドルも費やす。

📓 bid「入札、立候補」 ／ be considered for ...「…の検討対象となる」

---

9. Mismanagement, poor planning and corruption can contribute to cost overruns. An Oxford University study showed that the average cost overrun for each Olympic Games was 156 percent.

運営の失敗や、ずさんな計画や汚職などがコスト超過につながる可能性がある。オックスフォード大学のある研究によれば、各オリンピック大会のコスト超過は平均 156 パーセントだった。

📓 mismanagement「管理や運営の失敗」 ／ corruption「汚職、腐敗」 ／ cost overrun「コスト超過」

---

10. Eviction or relocation of households to facilitate construction for events, and price increases during the events are two major problems that plague locals.

イベントの建築工事を促進するための世帯の立ち退きや移転、イベント開催中の物価の上昇が、地元の住民を悩ませる 2 つの大きな問題だ。

📓 eviction「立ち退き、追い立て」／ facilitate「〜を促進する、〜を助長する」／ plague「〜を苦しめる」

....

11. Some Olympic hosts have an economic downturn after the games. For example, Brazil fell into an economic depression that was their worst in a quarter-century, resulting in budget cuts associated with education and medical care.

オリンピック主催国の中には、大会後に景気が後退する国もある。例えばブラジルは過去25年で最悪の経済不況に陥り、教育や医療関連予算の削減も生じた。

....

12. Recently many cities have withdrawn their bids to host major sporting events because they ultimately could not justify the cost. Boston, Rome and Budapest are examples of cities that pulled out at the last minute.

昨今、多くの都市が、大規模スポーツイベント主催の立候補を撤回している。最終的にかかる費用を正当化できなかったからだ。ボストン、ローマ、ブダペストが土壇場で撤退した都市の例だ。

📓 justify「〜を正当化する」／ pull out「撤退する」

....

13. Finding a way to reuse and maintain facilities built especially for the events is another common problem host countries must grapple with.

イベントのために特別に建設された施設を再利用し維持する方法を見つけ出すことが、ホスト国が懸命に取り組まねばならないもう1つの共通の課題である。

📓 grapple with ...「…に懸命に取り組む、…と闘う」

STEP 2 Listening Quiz

トピックに関する会話を、メモを取りながら聞きましょう（会話のスクリプト
は p.168）。

語られていた内容に合致するよう、次の各文の空所を埋めましょう。

※内容が分からない場合は繰り返し聞きましょう。聞きながら解答しても OK です。
※会話中の語句以外で解答しても構いません。
※英語が思い浮かばない場合は、日本語で書きましょう。　　　　　　　解答例 p.166

1. Although the woman is a fan of soccer, she does not seem
   (① 　　　　　　) that Japan might be hosting the World Cup.

2. The man firmly believes that the event would (② 　　　　) the
   economy due to the influx of foreign capital and investment.

3. The man believes (③ 　　　　) to be one of the biggest benefits
   that hosting major international sporting events provides.

4. The woman is concerned about the costs and the fact that this
   burden would have to be borne by (④ 　　　　).

5. A long-term benefit the man would expect is improved
   (⑤ 　　　　) such as roads, transportation and new stadiums.

6. The woman believes many people or businesses would be forced
   to (⑥ 　　　　) in order to allow for new construction.

7. According to the woman, another negative aspect the games
   would present to locals is (⑦ 　　　　).

8. The man points out that Japan already has most of the
   infrastructure in place for big events, so it shouldn't be
   (⑧ 　　　　) to developing countries.

9. The woman believes the fact that in recent years several major cities (⑨   ) their bids to host events proves that the financial risks are real.

10. The speakers agree that the national pride and (⑩   ) that is inspired by being selected as a host nation are benefits that every country can receive.

Memo

_____

_____

_____

_____

_____

_____

_____

_____

_____

_____

_____

_____

_____

_____

_____

_____

_____

_____

① excited/thrilled
② stimulate
③ tourism
④ taxpayers
⑤ infrastructure
⑥ relocate
⑦ rising/inflated prices
⑧ compared
⑨ have withdrawn
⑩ unity

クイズ英文の訳

1. 女性はサッカーファンだが、日本がワールドカップを開催することに (① 興奮して) いる様子はない。

2. 男性は、海外から資金や投資が流入することで、イベントが経済を (② 刺激する) だろうと強く思っている。

3. 男性は、(③ 観光) は大きな国際スポーツイベントを開催することで得られる最大の利益の 1 つだと考えている。

4. 女性は、コストやその負担を負わなければならないのが (④ 納税者) だということを心配している。

5. 男性が期待する長期的な利益は、道路、交通機関、新しいスタジアムなどの改善された (⑤ インフラ) だ。

6. 女性は、新たな建設を実現するために多くの人や企業が (⑥ 移転) を強いられるだろうと考えている。

7. 女性によれば、大会が地元の住民にもたらすであろうもう 1 つの負の側面は (⑦ 物価の高騰) である。

8. 日本にはすでに大規模イベントのためのインフラはほとんど備わっているので、発展途上国と（⑧ 比較される）べきではない、と男性は指摘している。

9. 近年いくつかの大都市がイベントのホスト国への立候補から（⑨ 撤退した）という事実が、財政的なリスクが現実のものである証明である、と女性は思っている。

10. ホスト国に選ばれることで喚起される国民の誇りと（⑩ 団結／結束）は、どの国も享受できる利益であることに話者たちは同意している。

M: I heard that Japan wants to host the FIFA World Cup in 2038! Isn't that fantastic!?

W: I heard that, but I am not so ⁽¹⁾ecstatic. Make no mistake, I'll be proud if we are selected, and I'm a big fan of soccer. I'm just not sure the benefits outweigh the cost of hosting such a big event.

M: Are you kidding me? This would be a huge boost for the economy! Think of all the foreign investment capital and money that will be injected into the economy from ⁽²⁾spectators and tourists!

W: I get that, but there are other factors to consider. Think for a moment about the extreme costs ⁽³⁾involved. As taxpayers, we would have to ⁽⁴⁾foot the bill for infrastructure like new roads, rail lines or stadiums that we might not even need!

M: There's no doubt that those expenditures would be required, but those are things that will remain and can be beneficial long after the games are over. Hosting these events leads to short-term and long-term economic benefits.

W: Did you ever consider how many people or local businesses get ⁽⁵⁾evicted or relocated to facilitate all that new construction? Yes, spectators and tourists spend money, but prices tend to go up during those events too. That hurts the locals.

M: I have to admit the thought of people getting evicted never occurred to me. That being said, I'm fairly confident that mostly only happens in developing countries. It's one thing

会話の訳

M: 日本が 2038 年の FIFA ワールドカップ開催地になることを希望しているって聞いたよ！ 素晴らしいことじゃない？

W: 聞いたけど私はそんなにうれしくないわ。間違えないでほしいのだけど、日本が選ばれれば誇りに思うだろうし、私はすごいサッカーファンなのよ。ただ、そんなに大きなイベントを開催するコストを利益が上回るのかどうか分からなくて。

M: 冗談でしょ？ 経済にとっても大きな後押しになるだろうと思うよ！ 膨大な海外からの投資と、経済に流れ込む観戦客や観光客からのお金のことを考えてみてよ！

W: それはそうだけど、考えるべき他の要因だってあるわ。必要になる膨大なコストのことをちょっとでも考えてみてよ。納税者として、私たちに必要ですらないかもしれない、新しい道路や鉄道路線、スタジアムのようなインフラへの出費を負担しなくちゃならなくなるのよ。

M: そういった出費が必要になるだろうということは疑いのないことだけど、大会が終わった後もそれらは残っていくし、長い間利益をもたらす可能性がある。こういったイベントを主催することは、短期的にも長期的にも経済的な利益になるんだよ。

W: その新しい建築物を作るために、どれほどの人や地元の企業が立ち退きや移転をさせられるか、考えたことはある？ もちろん、観戦客や観光客はお金を使うけど、そういったイベントの最中は物価も上がりやすいでしょう。それが地元の住民を苦しめることになるわ。

M: 確かに人々が立ち退かされているとはまったく考えもしなかった。とはいえ、それは主に発展途上国だけで起きていることだと、かなり自信をもって言えるよ。ホスト国がすべてをゼロから建設しなければならないというのも確か

when a host country has to build everything ^⑥ from scratch, but Japan already has most of the infrastructure in place already.

W: I see what you mean, but I don't think that's the whole story. Recently many major cities around the world have actually withdrawn their bids because they ultimately couldn't justify the cost. After doing the math, they knew they'd end up deep in debt.

M: I suppose so. Now that I think about it, financial success is not always the end goal for hosting international sporting events. Some emerging countries might not even care about turning a profit in the short term. The national pride and unity inspired by hosting these events, as well as those countries being represented as equals with more powerful nations on the world stage could offset any losses and help their development long term.

W: As a matter of fact, the 1964 Tokyo Olympic Games are viewed as having been the opportunity that put Japan back on the international scene after World War II. Of course, it goes without saying that Japan enjoyed incredible economic growth thereafter.

M: I'm not saying there is no risk involved, but the way I see it hosting these events can be very beneficial.

W: I can't say I agree with you 100 percent, but that's something to think about after we've been selected.

だけど、すでに日本にはほぼ全部のインフラが整っているじゃないか。

W: 言いたいことは分かるけど、それがすべてじゃないと思うのよ。最近では、最終的にコストを正当化できないという理由で、世界中の多くの大都市が実際に立候補から撤退しているの。計算してみて、結局は大きな借金を抱えることになると分かったんでしょう。

M: そうだと思うよ。今考えると、経済的な成功は必ずしも国際スポーツイベントを主催することのゴールじゃないよね。新興国の中には短期的な利益を出すことを気にもしていない国もあるかもしれない。こういったイベント開催が国民のプライドと団結を鼓舞することや、そういった国々が国際ステージでもっと力のある国と対等に扱われることで、いかなる損失も相殺できるし長期的な発展の手助けにもなるかもしれないね。

W: 実際、1964 年の東京オリンピックも、第 2 次世界大戦後日本が国際社会に復帰する機会になったと見られているわ。もちろんその後、日本が驚くべき経済発展を謳歌したことについては言うまでもないわ。

M: リスクがまったくないとは言わないけど、僕の見方では、こういったイベントの開催はとても大きな利益になる可能性があるんだ。

W: 100 パーセント賛成とは言えないけれど、そのことは、選ばれてから考えるのがよさそうね。

語注

① ecstatic「有頂天になった、夢中の」
② spectator「観客、観戦客」
③ involve「～を必要とする」
④ foot the bill「負担する、支払う」
⑤ evict「～を立ち退かせる」
⑥ from scratch「ゼロから、最初から」

Outline Your Speech

スピーチの骨子 (アウトライン) を作ります。
トピックに関する自分のアイデアをアウトライン化しましょう。

※ Step 1 と Step 2 を参考にしましょう。
※ 完全な文でなくても構いません。
※ 日本語で書いてから英訳しても構いません。
※ アイデアを思いつかない場合は右ページを参考にしましょう。

トピック

Is hosting a major sporting even really worth it?

大きなスポーツイベントを開催する価値は本当にあるか

Conclusion

結論

Point 1

論拠 1

　　　＋補足

Point 2

論拠 2

　　　＋補足

Point 3

論拠 3

　　　＋補足

Conclusion [reprise]

結論【再】

アウトライン・サンプル

Conclusion

結論　Hosting a major sporting event is worthwhile.

大きなスポーツイベントの主催は価値がある。

Point 1

論拠 1　They provide short-term benefits to the entire country.

国全体に短期的な利益をもたらす。

＋補足

They inspire national and civic pride.

国民や市民の誇りを鼓舞する。

The influx of tourism elevates the economy.

観光客の流入が経済を押し上げる。

Point 2

論拠 2　They provide long-term benefits to the host city.

イベントはホスト都市に長期の利益をもたらす。

＋補足

New or improved infrastructure is used long after.

新たなインフラや改善されたインフラがその後も長く利用できる。

The economic benefits are felt long before and after.

イベント前後に経済的な恩恵を長く受ける。

Point 3

論拠 3　The rewards are worth the risk.

報酬はリスクを取るに値する。

＋補足

Good management, planning and transparency can mitigate the risk of ending up in debt.

よい運営や計画、透明性を実現できれば、負債に終わってしまうリスクを軽減できる。

Conclusion [reprise]

結論【再】　Hosting a major sporting event is a worthwhile endeavor.

大きなスポーツイベントの開催は価値ある試みだ。

Write Your Own Speech

アウトラインのメモをもとに160〜240ワードのスピーチ原稿を書きましょう。

※ サンプル・スピーチを読み／聞き、参考にしても構いません。
※ 原稿を書き上げたら2分で音読する練習を繰り返しましょう。

1

2

3

4

5

6

7

8

9

10

11

12

13

14

15

16

17

18

19

20

21

22

23

24

25

09-03

Is hosting a major sporting event really worth it?

大きなスポーツイベントを開催する価値は本当にあるか

While I agree that there is significant cost and risk involved, there are three ① compelling reasons that make me think hosting a major sporting event is worthwhile.

Let's start with the short-term benefits. Being selected as a host country inspires a sense of national pride among citizens. Another short-term benefit is tourism. Hundreds of thousands of spectators ② flood to these events eager to pay for the ③ experience of a lifetime. 5

Next up are the long-term benefits. There is almost always cost associated with preparing for these major events, such as infrastructure improvements to roads, transportation, and other facilities. However, these ④ fixtures remain to serve the community at large long after the events have concluded. With these projects comes economic stimulus that can be felt long before the games begin and long after they are over. 10

15

The third reason is, overall, I believe the rewards are worth the risk. Yes, it is true that some host countries find themselves in debt. But I am confident that good management, planning and transparency can mitigate this risk.

These are the three reasons I believe that hosting a major sporting event is a worthwhile endeavor and is an overall benefit to the host country. (202 words) 20

語注
① compelling 「説得力のある、納得できる」／② flood to ... 「…に押し寄せる」／
③ experience of a lifetime 「生涯またとない経験」／④ fixture 「設備」

大きなコストとリスクが伴うことは認めますが、私が大きなスポーツイベントは主催する価値があると考える、3つの説得力のある理由があります。

まずは、短期的な利益から見ていきましょう。ホスト国に選ばれれば、国民の間に、国家に対する誇りの感情が生まれます。もう1つの短期的利益は観光です。何十万もの観戦客が、こうしたイベントに押し寄せ、生涯またとない経験に喜んでお金を支払います。

次に、長期的利益です。こうした大きなイベントの準備には必ずと言っていいほどコストがかかります。例えば道路、交通機関、そしてその他の施設などのインフラの改善などです。しかし、これらの設備は、イベントの終了後、長くコミュニティー全体の役に立ち続けます。こういったプロジェクトとともに経済的な刺激が生じ、それは大会開催のはるか前から、開催後のはるか後まで享受され得るのです。

第3の理由は、概して、報酬はリスクを取る価値のあるものだと思うからです。もちろん、いくつかのホスト国が負債を負ったことは事実です。しかし、よい運営と計画、そして透明性があればこのリスクは軽減できると私は確信しています。

これら3つの理由で、大きなスポーツ大会の主催は価値ある試みであり、ホスト国にとって総合的な利益となると思います。

機能表現　ワンポイント解説

09-04

「関連・つながり・貢献」

サンプル・スピーチの第1、第4、最終パラグラフには、there are three compelling reasons that ...、The third reason is, ...、These are the three reasons ... と、理由に言及するときに用いるフレーズが登場しています。自分の意見をサポートするために理由を述べることはスピーチでは必須です。理由を述べる表現の使い方を下記の例文で確認しましょう。

● **There are three reasons why I support** capital punishment and think it should be continued.
私が死刑を支持し死刑が継続されるべきだと思う理由が3つあります。

● Many people in the U.S. are not aware of how many children are food insecure **because of** the lack of media coverage.
メディア報道の欠如によって、多くのアメリカ人はどれほどの子どもたちが食糧不安の状態にあるかを知りません。

● **That's why I believe** changes to current legislation need to be made and made quickly.
それゆえ、私は現在の法律には変更が加えられるべきで、それも早急になされるべきだと思うのです。

● **Since** the bribery scandal has become public, I am less inclined to support the hosting of major sports events.
贈収賄のスキャンダルが公になっているので、私は大規模なスポーツイベント開催をあまり支持したくありません。

発音・発話　ワンポイント解説

アクセントは大丈夫ですか？

comp<u>e</u>l (l.2)、ev<u>e</u>nt (l.3)、sp<u>e</u>ctator (l.7)、ass<u>o</u>ciated (l.10)、pr<u>o</u>ject (l.14)、m<u>a</u>nagement (l.18)、transp<u>a</u>rency (l.19)、m<u>i</u>tigate (l.19)、end<u>ea</u>vor (l.21)　下線部がアクセントの位置です。下線部で、手をたたくなどして「強く、すこし長めに発音する」練習をしてみましょう。各単語のアクセントを大切にし、その上で文脈上大切な言葉を強く、際立つように発音することで、リズムの良い、聞きやすい発話になります。以下、下線部の強調に注意しながら聞いてみてください。Being s<u>e</u>lected as a h<u>o</u>st c<u>o</u>untry insp<u>i</u>res a s<u>e</u>nse of n<u>a</u>tional pr<u>i</u>de among c<u>i</u>tizens. (l. 4)。

Should immigration be expanded in Japan?

日本はもっと移民を受け入れるべきか

いまや移民問題は、アメリカやヨーロッパのみならず世界中に存在しています。移民と現地住民の間での職の奪い合い、文化・習慣の違いによる軋轢（あつれき）、不法移民による治安悪化など、多くの問題が生じています。一方日本では、人口減少により移民なしでは経済が立ち行かないと予想されています。Day 10 では、日本が移民を増やすべきかの議論を確認していきます。ここで学習する内容は、異文化間の対話、人種差別、雇用と賃金、テロリズムと犯罪などのスピーチの論点にも転用できます。

 ## Warm-up

次の例文を読み、聞き、音読しましょう。

1. According to the United Nations, the number of international migrants reached 272 million in 2019. Europe hosts 82 million of them, followed by 59 million in North America, and 49 million in Northern Africa and Western Asia.

国連によると、国際移民の数は 2019 年に 2 億7200 万人に達した。うち 8200 万人をヨーロッパが受け入れており、続いて北アメリカが 5900 万人、北アフリカと西アジアが 4900 万人となっている。

📝 migrant「移民」※広い意味での「移住者、移民」を指す。immigrant は「他国から入る移民」、emigrant は「自国から他国に出る移民」。

・・

2. The U.S. is a country built by immigrants. Even today, one in eight U.S. residents is an immigrant.

アメリカは、移民によって築かれた国である。今日でさえ、アメリカに住む人の8人に1人は移民である。

・・

3. Immigrants are vital to innovation and the growth of the U.S. economy. Many major global companies were founded by immigrants or the children of immigrants to the U.S.. Google, Amazon, and Tesla, to name a few.

移民はイノベーションとアメリカ経済の成長にとって不可欠だ。多くの世界的大企業がアメリカへの移民や移民の子どもによって創設された。Google、Amazon、テスラなどはその数例である。

・・

4. Some people argue that immigrants steal jobs, but immigrants often take on blue-collar or labor-intensive jobs that native residents may be reluctant to perform. These jobs are vital for any developed nation's economy.

移民は仕事を奪うと主張する人もいるが、移民はしばしば元の住人がやりたがらない肉体労働や労働集約型の仕事を引き受けている。こういう仕事は、どの先進国の経済にとっても不可欠なものだ。

📝 labor-intensive「労働集約型の」

・・

5. Many studies have revealed that immigrant labor has little to no effect on the wages or salaries of native-born workers.

多くの研究で、移民の労働は、現地生まれの労働者の賃金に、ほとんどもしくはまったく影響がないことが明らかになっている。

📝 little to no ...「皆無かそれに近い…」／ wages or salaries ※wage は単純労働に対して時間単位で支給される賃金、salary は比較的高い技術を持つ者に対して支払われる月給や年俸。

・・

6. According to the statistics published by the Ministry of Justice,

Japan had 2.73 million foreign residents registered in 2018. It is also estimated that there were some 70,000 foreigners who were staying illegally.

法務省発表の統計によると、日本には 2018 年の時点で 273 万人の在留外国人がいた。また、7 万人ほどの外国人が不法に滞在していたとも推計されている。

----

7. The number of foreign workers in Japan totaled 1.46 million in 2018, which made up about 2 percent of the workforce. Most of them work in manufacturing and the service industry.

2018 年の日本の外国人労働者は 146 万人となり、労働人口の約 2 パーセントを構成していた。そのほとんどが製造業、サービス業に従事している。

📝 ※サービス業にはホテル業やレストラン業などが含まれる。

----

8. In order to alleviate the problem of a low birth rate and an aging population, the Japanese government is considering increasing the number of foreign workers. However, if steps aren't taken to improve things like the working conditions or Japanese language education for foreign workers, the numbers are not likely to increase.

日本政府は、少子高齢化の問題を緩和するために、外国人労働者の数を増やすことを考えている。しかし、外国人労働者の労働条件や日本語教育などを改善する策が取られなければ、その数は増えないであろう。

----

9. One concern vocal opponents of immigration most commonly cite is security. In the post 9/11 world, terrorism and extremism are real and present threats.

移民に声高に反対する人々が最もよく引き合いに出すのは安全の問題だ。9.11 以後の世界では、テロや急進主義は現実の脅威となっている。

📝 vocal opponent「口うるさい反対者」／ 9/11 ※2011 年9 月11 日に発生した、アメリカ同時多発テロ。／ extremism「過激主義、急進主義」

----

10. It is not unnatural for a certain degree of assimilation to be expected from immigrants.

ある程度の同化が移民に期待されることは不自然なことではない。

11. Language and cultural differences that clearly separate one group of people from another can lead to cultural or racial discrimination.

ある集団と別の集団を明確に区別する言葉や文化の違いは、文化的あるいは民族的差別につながる可能性がある。

日本はもっと移民を受け入れるべきか

12. It is important to make a distinction between immigrants and refugees. According to the U.N. Refugee Agency, one out of every 110 people worldwide has been forced to leave his or her native place due to armed conflict or human rights violations.

移民と難民を区別することが重要だ。国連難民高等弁務官事務所によれば、世界の110人に1人が武力紛争や人権侵害により、生まれた場所を離れることを余儀なくされている。

13. Illegal immigration is comprised of two major components — illegal entry, where undocumented immigrants cross borders, and illegal overstays, where legal immigrants or students fail to return to their country when their visas expire.

不法移民は2つの大きな要素で成り立っている。非登録外国人が国境を越える不法入国と、合法的移住者や学生がビザ失効時に祖国へ戻らない不法滞在である。

📝 be comprised of ... 「…から成る」／ undocumented「非登録外国人の」／ illegal overstay「不法滞在」／ expire「期限が切れる」

14. One aspect of immigration control that cannot be overlooked is contagious diseases. If immigrants do not have the proper inoculations, communicable diseases previously eradicated could reemerge.

出入国管理で見落としてはならない一面は伝染病だ。外国からの移住者が適切な予防接種を受けていなければ、すでに撲滅された伝染病が再び出現する可能性がある。

📝 immigration control「出入国管理」／ inoculation「予防接種」／ communicable disease「伝染病」／ eradicate「〜を根絶する」

STEP 2　Listening Quiz

トピックに関する会話を、メモを取りながら聞きましょう（会話のスクリプト
は p.186）。

語られていた内容に合致するよう、次の各文の空所を埋めましょう。

※内容が分からない場合は繰り返し聞きましょう。聞きながら解答しても OK です。
※会話中の語句以外で解答しても構いません。
※英語が思い浮かばない場合は、日本語で書きましょう。　　　　　解答例 p.184

1. Due to its current shortage of workers, Japan needs immigrant labor to (① 　　　　) its economy.

2. Introducing (② 　　　　) is a proposal the man cites as a way to better control immigration and the communication problems it can produce.

3. (③ 　　　) are people who are forcibly displaced or seek asylum from events like war, natural disasters or oppression.
*forcibly displaced「無理矢理土地を追われる」／ oppression「圧政」

4. The woman makes a distinction between allowing people into the country for (④ 　　　) reasons and for other purposes.

5. How to properly (⑤ 　　　) refugees to prevent criminals or potential terrorists from entering a country with them is a major security issue for the man.

6. The woman suggests that immigrant workers often fill (⑥ 　　　) positions that native-born workers don't want.

7. The man fears that employing immigrants will reduce the (⑦ 　　　) of Japanese workers.

8. Language and cultural barriers are the reason why some Japanese tend to (⑧ 　　　　) foreigners in Japan.

9. The woman believes that we should look at (⑨)
aspects of immigration.

Memo

◀ 解答例

① prop up
② language requirements
③ Refugees
④ humanitarian
⑤ screen
⑥ blue-collar/menial
⑦ wages
⑧ be wary of
⑨ positive

◀ クイズ英文の訳

1. 昨今の労働力不足によって、日本は自国の経済を（① 支える）ために移民の労働力を必要としている。

2. （② 言語的要件）の導入は、移民や彼らが生み出すコミュニケーションの問題をよりうまくコントロールする方法として、男性が引き合いに出した提案である。

3. （③ 難民）とは、戦争や自然災害あるいは圧政などの出来事によって、強制的に追い出されたり亡命先を求めたりしている人たちである。

4. 女性は（④ 人道的な）理由で人々を国に入れることと、その他の目的とを区別している。

5. 犯罪者や潜在的なテロリストが難民といっしょに入国するのを防ぐために、難民をどのように適切に（⑤ 審査する）のかが、男性にとって安全保障上の大問題である。

6. 女性は、移民労働者は多くの場合、その国で生まれた労働者が望まない（⑥ 肉体労働／雑用）の仕事をしていることを示唆している。

7. 男性は、移民を雇用することが日本人労働者の（⑦ 賃金）を下げることにつながることを恐れている。

8.　言葉や文化の壁が、日本人の一部が外国人を (⑧ 警戒し) がちな理由である。

9.　女性は、私たちは移民がもたらす (⑨ プラスの) 面に目を向けるべきだと考えている。

M: I just tried to buy something at a convenience store, and the clerk was a foreigner who didn't speak much Japanese. I think immigration in Japan is getting out of control!

W: What are you talking about? Japan lags way behind many other countries around the world with respect to immigration. With its aging society and low birth rate, Japan needs immigrants to ① prop up its economy.

M: I agree with you there, but I support the position that immigration needs to be tightly controlled. If you ask me, there should be minimum language requirements for people from other countries.

W: But the truth is those requirements would severely limit the number of workers who could get in. Not to mention that you can't ② lump all immigrants into the same category. Refugees seeking ③ asylum after wars, natural disasters and the like cannot be expected to speak Japanese ④ from the get-go.

M: I have sympathy for the humanitarian side of immigration. Yet I'm afraid that those people cannot be properly ⑤ screened. We may be letting in terrorists.

W: There's little chance of that. There's no question that everyone will be carefully screened. Japan's refugee acceptance rate is less than 1 percent, the lowest of all of the G-7 countries. Personally, I think this is wrong from a humanitarian standpoint. On the other hand, in fields like nursing or customer service, industries are struggling with a labor shortage. I think it is unfair for the Japanese government to only let in those workers with a particular skill and use them as cheap labor.

M: You mentioned "cheap labor." What about the impact that letting immigrants into the country to work has on our wages? People from other countries are willing to work for less. That brings down the wages for Japanese workers.

W: I don't buy into that. First of all, we are mainly just talking about positions that Japanese don't want. Regardless, several research

会話の訳

M: コンビニでちょっと買い物しようとしたんだけど、店員さんが日本語をあまり話せない外国人だった。日本の移民問題は手に負えなくなってきているんじゃないかな！

W: 何を言っているの？　日本は移民に関しては世界の多くの国よりもかなり遅れているのよ。高齢化社会で出生率も低いのだから、経済を支えるために日本には移民が必要でしょう。

M: その点は同感だけど、移民は厳しくコントロールされるべきだって立場に賛成なんだ。僕の意見では、海外からやって来る人たちには、最低限の言語に関する要件が課されるべきだよ。

W: でも実際は、そういった要件を課すと、入国できる労働者の数を大幅に制限することになるでしょうね。言うまでもないことだけど、すべての移民を同列に語ることはできないわ。戦争や自然災害などの後に亡命を求めている難民に、最初から日本語を話せることは期待できないわよ。

M: 人道的な方面での移民には同情するよ。でも、適切に審査できないんじゃないかと心配なんだ。テロリストを招き入れているのかもしれないし。

W: その心配はないわ。全員が慎重に審査されるのは間違いないわ。日本の難民認定率は1パーセント未満で、G7の中で最下位よ。個人的には、これは人道的には間違っていると思うけど。一方で、介護や接客業のような分野では、業界が労働力不足と悪戦苦闘しているわ。特定のスキルを持ったそうした労働者だけを受け入れて、安価な労働力として使うなんて、日本政府は都合が良すぎるわ。

M: 君は「安価な労働力」って言ったね。移民を労働者として受け入れることが、僕たちの賃金に与える影響はどうなのかな？　よその国から来た人たちは、少ない賃金で働くことも厭わないよね。それで日本の労働者の賃金が下がることになる。

W: そこは賛成できないな。まず、私たちは主に日本人がやりたがらない仕事の話をしているのよ。いずれにせよ、その考えは思い違いだっていう論文がいくつ

papers have shown that idea is a ⁶delusion. There is little evidence of a negative impact on wages overall.

M: I have to agree that immigrants contribute to our economy, but I worry that too many immigrants would cause social instability.

W: What do you mean by that?

M: For example, as you know there are a lot of social rules and customs in Japan, like separating garbage for recycling, or lining up for a bus. Immigrants would find it difficult to follow those rules. They wouldn't ⁷assimilate into Japan and would just ⁸ segregate themselves into little communities. There might be more crimes in those communities that are beyond the reach of Japanese laws.

W: It is perfectly natural to expect a certain degree of ⁹conformity from immigrants, but it can't be said that all immigrants are necessarily bad or criminals. However, if we don't teach them the "rules," there is no way they can follow them. The Japanese government needs to invest more in multilingual signage as well as helping immigrants to learn the Japanese language.

M: I see where you're coming from. Maybe I'm just being pessimistic, but I still think we shouldn't be too hasty about accepting more immigrants. I sometimes hear stories on the news about immigrant workers or trainees disappearing from their workplaces. Once their stay becomes illegal, there is no way to keep track of them.

W: That's why we need to improve their labor conditions. Let's look at the positive things they might bring to the table. Some immigrants are highly skilled and innovative. Did you know that 38 percent of Americans who won the Nobel Prizes in chemistry, medicine and physics since 2000 have been immigrants? Immigrants also bring with them cultural diversity.

M: You ⁱ⁰ make a good case for immigration. I guess I might have to change my outlook on that.

かあるの。賃金全体にマイナスの影響がある証拠はほとんどないのよ。

M: 移民がわが国の経済に貢献してくれるということには同意せざるを得ないけれど、僕は移民が多すぎて社会不安の原因になることを心配しているんだ。

W: それってどういう意味？

M: 例えば、日本にはたくさんの社会ルールや慣習があるだろう、リサイクルのためにごみを分別するとか、バスに乗るのに列に並ぶとかさ。移民はそういうルールを守るのが難しいかもしれない。彼らは日本に溶け込めず、自分たちの小さなコミュニティーに隔離されてしまう。そういった日本の法律の手が届かないコミュニティーでは、犯罪が増加するかもしれないよ。

W: 移民にある程度の習慣にならうことを期待するのはまったく自然なことだけれど、すべての移民が必ずしも悪人だとか犯罪者だとは言えないわ。でも、「ルール」は教えてもらわなければ、守りようがないわよね。日本政府は、看板の多言語化や、移民が日本語を学ぶのを助けるために、もっと資金を投じるべきだわ。

M: 君の言っていることは分かるよ。たぶん僕はちょっと悲観的なだけだけど、やっぱり移民の受け入れ拡大は急ぐべきではないと思うんだ。移民労働者や研修生が職場から消えたというニュースを時折耳にするし。一度滞在が不法となると、追跡する方法はないんだよ。

W: だから労働条件の改善が必要なのよ。移民がもたらすプラス面にも目を向けましょうよ。移民にはスキルが高く創造性豊かな人もいるわ。2000 年以降に、化学、医学、物理学の分野でノーベル賞を受賞したアメリカ人のうち、38 パーセントが移民なのは知っていた？ 移民は文化の多様性ももたらしてくれるのよ。

M: 移民を上手に弁護できているね。その点に関しては僕も見方を変えないといけないかもしれないな。

語注

① prop up... 「…を支える、…をてこ入れする」
② lump 「〜をひとまとめにする」
③ asylum 「避難、保護」
④ from the get-go 「最初から」
⑤ screen 「〜を検査する」
⑥ delusion 「思い違い」
⑦ assimilate into... 「…に同化する、…に順応する」
⑧ segregate 「〜を隔離する」
⑨ conformity 「適合」
⑩ make a good case for ... 「…を弁護する、…をうまく正当化する」

Outline Your Speech

スピーチの骨子 (アウトライン) を作ります。
トピックに関する自分のアイデアをアウトライン化しましょう。

※ Step 1 と Step 2 を参考にしましょう。
※ 完全な文でなくても構いません。
※ 日本語で書いてから英訳しても構いません。
※ アイデアを思いつかない場合は右ページを参考にしましょう。

ト ピ ッ ク

Should immigration be expanded in Japan?
日本はもっと移民を受け入れるべきか

Conclusion
結論

Point 1
論拠 1

＋補足

Point 2
論拠 2

＋補足

Point 3
論拠 3

＋補足

Conclusion [reprise]
結論【再】

アウトライン・サンプル

Conclusion

結論　Immigration should not be expanded in Japan so hastily.

日本での移民の拡大は性急に行うべきではない。

Point 1

論拠1　It can negatively affect the job market for native-born workers.

日本生まれの労働者の雇用状況にマイナスの影響を与えかねない。

＋補足

Cheap immigrant labor can lead to lower wages.

安価な移民労働力は低賃金につながる可能性がある。

Jobs can be taken away from Japanese.

日本人の仕事が奪われる可能性がある。

Point 2

論拠2　Immigrants that do not conform to Japanese social rules put stress on local residents.

日本の社会規範に従わない移民により、地域住民が圧迫される。

＋補足

If immigrants do not understand Japanese, they cannot obey the rules.

移民が日本語が分からない場合、ルールに従うことができない。

Point 3

論拠3　It's wrong to only view immigrants as a source of cheap labor.

移民を安い労働力としか考えないのは間違っている。

＋補足

Cases where trainees are abandoning the workplace are recurring.

職場を研修生が放棄する事件が相次いでいる。

Conclusion [reprise]

結論【再】　For these reasons, I am opposed to the expansion of immigration.

これらの理由で、移民を増やすことには反対だ。

STEP 4 Write Your Own Speech

．．．

アウトラインのメモをもとに160〜240ワードのスピーチ原稿を書きましょう。

※ サンプル・スピーチを読み/聞き、参考にしても構いません。
※ 原稿を書き上げたら 2 分で音読する練習を繰り返しましょう。

1
2
3
4
5
6
7
8
9
10
11
12
13
14
15
16
17
18
19
20
21
22
23
24
25

10-03

Should immigration be expanded in Japan?

DAY
10

日本はもっと移民を受け入れるべきか

The Japanese government is trying to mitigate the labor shortage by allowing more immigrant workers into the country. However, I am opposed to the hasty expansion of immigration for the following three reasons.

First, while it may be true that immigrants can alleviate the labor shortage, letting in more immigrants might bring down the average wages of local workers. If companies can hire foreign workers who will work for lower wages, they may be reluctant to hire Japanese workers at a higher wage. Furthermore, corporations are hiring younger, foreign workers, who are taking positions away from older Japanese employees who want to continue working.

Second, there is a chance that an influx of immigrants might ^①disrupt the community in which they live. Japan is a rather ^②homogeneous country with many unwritten social rules. Two examples of these are the separation of trash and " ^③permissible" noise levels. Immigrants who don't understand the Japanese language or culture may not follow these rules.

Third, there is the problem of whether the immigrants themselves are happy here. In 2018, about 9,000 foreign trainees went missing from their places of employment. This is likely due to dissatisfaction with the work environment and low pay.

For these reasons, I am opposed to the expansion of immigration. Before it is considered, I think both the government and corporations have to work together to improve immigrant workers' access to Japanese language education and the workplace conditions they are provided.　　　　　　　　(246 words)

5

10

15

20

25

語注

① disrupt「～を混乱させる」／② homogeneous「均質の」／③ permissible「許容できる」

日本政府は移民労働者の国内へのさらなる受け入れによって労働力不足を緩和しようとしています。しかし、私は次の3つの理由から、性急な移民受け入れ拡大に反対です。

第1に、移民は労働力不足を緩和してくれるかもしれませんが、さらに移民を増やすことで、地元労働者の賃金水準が下がるかもしれません。企業は安い賃金で働く外国人労働者を雇うことができれば、日本人労働者をより高い賃金で積極的に雇用しようとはしないかもしれません。さらに、企業は、働き続けたい高齢日本人労働者の地位を奪う若い外国人労働者を雇うことでしょう。

第2に、移民の流入は、彼らが暮らす地域住民の生活を混乱させる可能性があります。日本はかなり均質化した国で、多くの社会的不文律が存在します。ごみの分別や「許容できる」騒音レベルなどがその例です。日本語や日本文化を理解しない移民は、こういったルールに従うことができない可能性があります。

第3に、移民自身がこの国で幸せかどうかという問題があります。2018年には 約9000人の外国人研修生が職場からいなくなりました。これはおそらく職場環境や低賃金への不満が原因と考えられます。

これらの理由から、私は移民の拡大に反対です。移民拡大を検討する前に、政府と企業が協力して、移民労働者の日本語教育へのアクセスや、彼らが提供される職場環境を改善していかねばならないのです。

機能表現 ワンポイント解説

10-04

「付加する」

スピーチの第 2 パラグラフには、Furthermore, ...「さらに…、その上…」というフレーズが使われています。このフレーズは、さらに何かの情報を付加する場面で用いられます。What's more, ...「さらに…」、Moreover, ...「さらに…、加えて」、On top of that, ...「その上…」、Not only A, B ...「A だけでなく B」、In addition, ...「加えて…」など、同種の機能を持つフレーズも確認しておきましょう。

● Tourists have a responsibility to follow all local laws to the letter. **Furthermore**, tourists should respect the customs and traditions of the places they visit.
観光客はあらゆる現地の法律に厳密に従う責任があります。さらに観光客は、訪れる場所の習慣や伝統を尊重すべきです。

● Social media allows people to express their feelings openly, even when they are alone. **Moreover**, social media can help people connect with long-lost friends or family.
ソーシャルメディアは人々に、1 人きりのときでさえ、オープンに自分の気持ちを表現させてくれます。さらに、ソーシャルメディアは長く音信不通だった友人や家族とつながる助けとなり得ます。

● I think students should learn a foreign language in middle school. **In addition**, I think language teachers should be native speakers.
学生は中学校で外国語を学ぶべきだと思います。加えて、外国語の教員はネイティブスピーカーであるべきだと思います。

発音・発話 ワンポイント解説

「意味の塊（チャンク）」と区切りを意識しよう

以下のスラッシュの区切りごとに少し間をあけて、意味をかみしながら音読したあとで、サンプルの音声を聞いてみましょう。First, / while it may be true / that immigrants can alleviate / the labor shortage, / letting in more immigrants / might bring down / the average wages / of local workers. (l. 5) 実際の受験者のスピーチよりスムーズに流れていますが、塊（チャンク）ごとの区切りを感じられるはずです。「意味の塊」を意識した発話は聞き手に分かりやすく、塊と塊の間でポーズが入っても、気になりません。

Should Japan abolish the death penalty?

日本は死刑を廃止すべきか

主要先進国の中で死刑制度が存続している国は多くありません。日本では凶悪犯罪に限ってはいるものの依然として継続されており、人権問題や冤罪などの観点から問題視されています。日本は過去に国連からも死刑の廃止や一時停止を求める勧告を受けていますが、国内の世論調査では死刑はいまだに国民に広く支持されています。この Day 11 で取り上げる内容は、他に基本的人権、生命の尊厳、冤罪、尊厳死、動物実験の可否、動物愛護などのテーマのスピーチにも活用することができます。

Warm-up

11-01

次の例文を読み、聞き、音読しましょう。

1. Most Western-style democracies have abolished the death penalty, or abandoned it in practice. Of the major countries, only the U.S., Japan and South Korea continue the practice.

ほとんどの西欧型の民主主義国家では死刑を廃止しているか、事実上放棄している。主要国の中ではアメリカと日本、韓国だけが死刑を継続している。

📝 practice「慣行、習慣」

2. In the U.S., each state has the authority to carry out or do away with capital punishment. Many states opt for the latter.

アメリカでは、死刑を実行あるいは廃止する権限を、それぞれの州が有している。多くの州が後者を選択している。

📝 do away with ...「… を 廃止する」／ capital punishment「極刑、 死刑」／ opt for ...「…を選ぶ」

3. In Japan, the death penalty is generally reserved only for multiple homicides, or in cases where the crimes were particularly heinous.

日本では、通常死刑は複数の殺人や特に犯罪が凶悪なケースだけに適応される。

📝 be reserved for ...「…のために確保されている」／ homicide「殺人」／ heinous「極悪な」

4. Proponents of capital punishment typically point to its function as a deterrent. However, the effectiveness of the threat of death on reducing crime is hard to gauge and hotly contested.

死刑の擁護者は、決まって死刑の抑止力としての機能を指摘する。しかしながら、死の脅威が犯罪を減らす有効性は評価が難しく、議論の的となっている。

📝 proponent「擁護者」／ deterrent「抑止力」／ gauge「〜を評価する、〜を判断する」／ hotly contested「激しい論争の的となって」

5. Perhaps surprisingly, most research supports claims that the process of executing a criminal, from the standpoint of cost, is more expensive than incarceration for life.

おそらく意外なことだろうが、コスト面から見ると、犯罪者を死刑にする方が終身刑よりも高くつくという主張を、ほとんどの研究が支持している。

📝 incarceration「投獄」

6. Opponents of capital punishment cite humanitarian concerns, often claiming that it is cruel and violates human rights.

死刑反対論者は、人道的な懸念を引き合いに出して、死刑は残酷であり、人権を侵害するとしばしば主張する。

7. With new technologies such as DNA testing, cases where inmates have been convicted of murder and later exonerated are becoming more common. This shows that there is the potential for innocent people to be executed. This concern is gaining momentum as a reason for the abolishment of the death penalty.

DNA 鑑定などの新たな技術によって、殺人で有罪判決を受けた受刑者の容疑が後に晴れるケースが多くなってきている。このことは、無罪の人間が死刑になる可能性があることを示している。こうした懸念が死刑廃止の理由として勢いを増しつつある。

📝 inmate「刑務所の収容者」／ convict A of B「A に B の判決を下す」／ exonerate「～の容疑を晴らす」／ gain momentum「勢いを増す」

8. Until as recently as 1998, Japan did not disclose information to the public about when executions were carried out. In addition, it only introduced a system of trial by jury in 2009.

1998 年まで日本はいつ死刑が執行されたかについての情報を公開していなかった。加えて、日本が裁判員裁判の制度を導入したのはやっと 2009 年になってからだった。

📝 jury「陪審員団、裁判員団」

9. Lethal injection is the common manner of execution in the U.S., while in Japan death penalties are carried out by way of hanging. Other methods adopted in other countries include death by firing squad, the gas chamber or electrocution.

アメリカでは致死注射が一般的な死刑執行の方法だが、日本では死刑は絞首によって執行される。他の国では、銃殺隊による死刑やガス室、電気処刑などの方法が採用されている。

📝 lethal injection「致死注射」／ hanging「絞首刑」／ firing squad「銃殺刑執行隊」／ electrocution「電気処刑」

10. In the U.S., the amount of time typically spent waiting for execution is now a major point of contention. Inmates on death row commonly spend decades waiting to be executed.

アメリカでは、死刑執行を待つ時間の長さが、現在大きな争点となっている。死刑囚房の死刑囚は、一般的に執行を待ちながら数十年を過ごす。

📝 contention「論争、争点」／ on death row「死刑執行を待って」

11. Polls show that the death penalty is still widely supported in Japan. However, the government is facing increasing criticism and pressure on this topic from the international community.

世論調査によると、日本では死刑がいまだに広く支持されている。しかし、政府はこの問題で、国際社会からの高まる批判や圧力に直面している。

DAY
11

日本は死刑を廃止すべきか

STEP 2 Listening Quiz

トピックに関する会話を、メモを取りながら聞きましょう（会話のスクリプト
は p.204）。

語られていた内容に合致するよう、次の各文の空所を埋めましょう。

※内容が分からない場合は繰り返し聞きましょう。聞きながら解答しても OK です。
※会話中の語句以外で解答しても構いません。
※英語が思い浮かばない場合は、日本語で書きましょう。　　　　　　解答例 p.202

1. The man claims that the practice of capital punishment is
   (① 　　　　　) and outdated.

2. In this conversation the woman says the death penalty serves as a
   powerful (② 　　　　　) that keeps other people from committing
   similar crimes.

3. The man sees this system as a (③ 　　　　　) of basic human
   rights.

4. Many countries around the world have (④ 　　　　　) capital
   punishment in recent years.

5. The woman insists "we have to have faith in our
   (⑤ 　　　　　　　), and the fairness of a trial by jury."

6. One cited problem with capital punishment is the potential for
   (⑥ 　　　　) people to be wrongly convicted and then
   executed.

7. Contrary to popular belief, it can be more expensive to execute a
   prisoner than to keep them in (⑦ 　　　　　) for life.

8. In this conversation, the man considers a sentence of life in prison
   with no chance of (⑧ 　　　　　) to be preferable to execution.

9. The woman suggests that jails are for (⑨) first and rehabilitation second.

10. (⑩) in Japan show that the majority of people support capital punishment.

日本は死刑を廃止すべきか

Memo

① inhumane
② deterrent
③ violation
④ abolished
⑤ judicial system
⑥ innocent
⑦ prison
⑧ parole
⑨ punishment
⑩ Polls/Surveys

クイズ英文の訳

1. 男性は、死刑の慣行は（① 非人道的）で時代遅れだと主張している。

2. この会話で女性は、他の人たちが同様の罪を犯すことを防ぐ強力な（② 抑止力）として死刑は機能すると述べている。

3. 男性は、この制度を基本的人権の（③ 侵害）とみなしている。

4. 近年、世界中の国の多くが死刑を（④ 廃止して）いる。

5. 女性は「私たちは（⑤司法制度）と裁判員裁判の公平性を信用しなければならない」と主張している。

6. 死刑に関して引き合いに出される問題は、誤って（⑥ 無実の）人たちが有罪判決を受けて死刑にされる可能性だ。

7. 一般的に信じられていることとは異なり、受刑者を一生（⑦ 刑務所）に入れておくよりも、死刑にする方がより多く費用がかかる。

8. この会話の中で、男性は（⑧ 仮出所）の機会を与えない終身刑の方が死刑よりもましだと考えている。

9. 刑務所の役割は（⑨ 処罰）が第一であり更正は 2 番目だと、女性は示唆している。

10. 日本の（⑩ 世論調査／調査）は、大多数の人が死刑に賛成であることを示している。

M: I saw on the news this morning that a prisoner was executed yesterday in Tokyo. I didn't realize that Japan still had capital punishment. Most countries have abolished the death penalty. Personally, I think the practice is ① inhumane and outdated.

W: Well, I disagree with you there. I think the death penalty serves as a powerful deterrent that keeps more people from committing murder. The U.S. has the death penalty too, right?

M: Look at the murder rate in the U.S.! It's pretty high, and I'd say it's proof that the death penalty clearly doesn't work as a deterrent. Besides, it violates the basic human right to life.

W: What about the right to life of the victims? In my opinion, you lose the right to life when you take someone else's life.

M: But what if the person is actually innocent? Nowadays, you often hear about people having been wrongly convicted of crimes and later ② exonerated by DNA evidence.

W: Of course, I can't say that has never happened. But I believe we have to have faith in our ③ judicial system and the fairness of a trial by jury.

M: I can't have faith in any system that has a record of ④ miscarriages of justice. Also, ⑤ it might be hard to believe, but most research shows that it's much more expensive to carry out a death sentence than to imprison a person for life. So, even economically, I think life in prison without the chance for ⑥ parole is a much better option.

W: But if we gave everyone life sentences, jails could become overcrowded.

会話の訳

M: 昨日東京で囚人が 1 人処刑されたというニュースを今朝見たんだ。日本がま
だ死刑を行っていたとは知らなかったよ。ほとんどの国では死刑は廃止され
ているんだ。個人的には死刑は残酷で時代遅れだと思うよ。

W: ええと、それに関しては、私はあなたには賛成できないわ。死刑は、さらに
多くの人が殺人を犯さないようにする、強力な抑止力として作用していると
思うの。アメリカにも死刑はあるでしょ？

M: アメリカの殺人（事件の発生）率を見てごらん！ ものすごく高いし、これっ
て死刑は抑止力にならないという明白な証拠だよ。それに、基本的人権であ
る生きる権利を侵害しているよ。

W: 犠牲者の生命の権利はどうなるの！ 私の考えは、他の人の命を奪うと、自
分の生命の権利を失うんだってこと。

M: でも、もしその人物が実際は無実だったら？ 最近では、誤って有罪判決を
受けた人が、後になってから DNA 鑑定で容疑が晴れたという話をよく耳に
するよね。

W: もちろんそういうことが絶対に起こらないとは言えないわ。でも、私たちは
司法制度と裁判員裁判の公平性を信用しなければならないと思うの。

M: 何であれ、誤審を下したことがあるような制度は信じられないな。それに、
信じ難いかもしれないけど、ほとんどの研究によると、死刑を執行する方が
終身刑よりもはるかに大きなコストがかかることが分かっているんだ。だか
ら経済的な面を考えても、僕は、仮釈放の機会が与えられていない終身刑の
方がはるかにいい選択肢だと思うよ。

W: でも、もし全員に終身刑を言い渡したら、監獄が溢れかえってしまうわよ。

M: Are you really suggesting that if Japan didn't execute people, the prisons would be overcrowded? How many people a year do you think Japan executes? It would need to be hundreds to overcrowd the prisons. Besides, don't you think people can change? Inmates in prison can become rehabilitated. There are lots of stories of reformed prisoners making good contributions to society. Execution takes that opportunity away from them and from us.

W: In my opinion, jails and prisons are for punishment first, and rehabilitation second. People who commit [7] atrocious crimes against society such as terrorism or murder give up their rights as far as I'm concerned.

M: The rest of the world seems to think otherwise. Most democratic countries have done away with capital punishment either [8] in statute or [9] de facto. And what about the people who actually have to carry out the death sentences? Think of what an emotional burden it must be on them.

W: Well, I'm not alone in my thinking. The death penalty is still widely supported by the general public here in Japan. At least that's what the polls say.

M: Then I think the general public needs educating. If the state [10] sanctions killing, then it is giving the clear message to everyone that in some cases it is right to kill.

M: もし日本で死刑が執行されなかったら、監獄が溢れかえるって本気で言ってるの？ 日本で年間何人の人が死刑になっていると思う？ （死刑を執行せずに）監獄を溢れかえらせるには、数百って人数が必要だよ。それに、人って変われると思わない？ 刑務所に入っている受刑者は更生できる。改心した受刑者が社会に貢献したって話は山ほどあるよ。死刑執行は、そうした機会を彼らからも僕たちからも奪うんだ。

W: 私の意見では、刑務所や監獄はまずは罰を与えるためのものであって、第2が更生なの。テロや殺人のような反社会的な残虐な犯罪を犯した人は、自らの権利を放棄しているのよ、私に言わせればね。

M: 世界の他の場所では違った考え方をしているようだよ。ほとんどの民主主義国家では、法令でも、あるいは事実上でも、死刑を廃止している。それに、実際に死刑判決を執行しなくてはいけない人たちについてはどう？ 彼らにどれほどの精神的な負担がのしかかるかを考えてみてよ。

W: 私のような考え方をしているのは、私一人ではないわ。ここ日本では、死刑が一般大衆によっていまだに広く支持されているの。少なくとも世論調査ではそうなっているわ。

M: ならば、一般の人たちは学ぶ必要があると思う。もし国が殺人を認めるなら、それは、場合によっては人の命を奪うことは正しいことなんだと、みんなに明確なメッセージを送っているってことだよ。

語注
① inhumane「残酷な、非人道的な」
② exonerate「〜の容疑を晴らす」
③ judicial system「司法制度」
④ miscarriage of justice「（特に冤罪となるような）誤審」
⑤ it might be hard to believe, ...「信じ難いことだが…、嘘みたいだが…」
⑥ parole「執行猶予、仮釈放」
⑦ atrocious「残虐な」
⑧ in statute「法令で」
⑨ de facto「事実上」
⑩ sanction「〜を認可する、〜を承認する」

Outline Your Speech

STEP 3

スピーチの骨子（アウトライン）を作ります。
トピックに関する自分のアイデアをアウトライン化しましょう。

※ Step 1 と Step 2 を参考にしましょう。
※ 完全な文でなくても構いません。
※ 日本語で書いてから英訳しても構いません。
※ アイデアを思いつかない場合は右ページを参考にしましょう。

ト ピ ッ ク

Should Japan abolish the death penalty?
日本は死刑を廃止すべきか

Conclusion
結論

Point 1
論拠 1

　　　　＋補足

Point 2
論拠 2

　　　　＋補足

Point 3
論拠 3

　　　　＋補足

Conclusion [reprise]
結論【再】

アウトライン・サンプル

Conclusion

結論　Capital punishment should be abolished in Japan.
日本は死刑を廃止すべきだ。

Point 1

論拠1　Capital punishment violates the basic human right to life.
死刑は、生きるという基本的人権を侵害している。

　＋補足

People can change. There are many stories of how reformed prisoners made good contributions to society. Execution takes such opportunities away from them and from our society.
人は変わることができる。改心した受刑者が社会に貢献したという話はたくさんある。死刑執行はそうした機会を彼らからもわれわれの社会からも奪う。

Point 2

論拠2　The death penalty doesn't work as a deterrent against murders.
死刑は殺人に対する抑止力にはならない。

　＋補足

The high incidence of murder in the U.S. where they have the death penalty proves it.
死刑を行っているアメリカにおける殺人事件の高い発生率がそのことを証明している。

Point 3

論拠3　The judicial system sometimes makes mistakes.
裁判制度は時々ミスを犯す。

　＋補足

There are cases where people are wrongly convicted of crimes and later exonerated by DNA evidence.
間違って有罪判決を受けて、後からDNA鑑定で無罪になった事例が複数ある。

Conclusion [reprise]

結論【再】　Capital punishment should be abolished in Japan.
日本は死刑を廃止すべきだ。

Write Your Own Speech

アウトラインのメモをもとに160〜240ワードのスピーチ原稿を書きましょう。

※ サンプル・スピーチを読み／聞き、参考にしても構いません。
※ 原稿を書き上げたら 2 分で音読する練習を繰り返しましょう。

| 1 |
| 2 |
| 3 |
| 4 |
| 5 |
| 6 |
| 7 |
| 8 |
| 9 |
| 10 |
| 11 |
| 12 |
| 13 |
| 14 |
| 15 |
| 16 |
| 17 |
| 18 |
| 19 |
| 20 |
| 21 |
| 22 |
| 23 |
| 24 |
| 25 |

11-03

Should Japan abolish the death penalty?

In recent years many countries have abolished this practice, perhaps because of human rights concerns. I think our country should abolish capital punishment, too. Here are three reasons for that.

First, I believe people can change. I mean, even prisoners have potential to reform themselves and be able to make good contributions to society. However, capital punishment takes such an opportunity away from them. It's unacceptable.

5

Second, we should doubt the effect of the death penalty. Some people claim capital punishment works as a deterrent against murder. However, there is a lot of doubt over this theory. The U.S. has the death penalty but the incidence of murder is very high there. This is hard evidence that the death penalty can't stop murders.

10

The third reason is, the judicial system is not perfect and it sometimes makes mistakes. For example, there are cases where people have been wrongly convicted for crimes and later exonerated by DNA evidence. Historical miscarriages of justice have been exposed in this way recently. Additionally, concerning the possibility of such mistakes, we should also think about the emotional burden it must be on people who actually have to carry out the death sentences.

15

20

These are the three reasons why I think capital punishment should be abolished in Japan. (215 words)

近年、多くの国が人権に関する懸念からか、この慣行を廃止しました。私は、日本も死刑を廃止すべきだと思います。その理由は次の3つです。

まず、私は人は変われると信じています。つまり、受刑者であっても、更生して社会に貢献できる可能性を秘めています。しかし、死刑の執行はそうした機会を彼らから奪うのです。これは受け入れがたいことです。

第二に、私たちは死刑の効果を疑うべきです。死刑は殺人に対する抑止力として機能すると主張する人がいます。しかし、この説には多くの疑念があります。アメリカには死刑がありますが、そこでの殺人事件の発生率は非常に高いのです。これは死刑が殺人を止められないという動かぬ証拠です。

第三の理由は、司法制度は完璧ではなく、時として間違いを犯すことがあるということです。例えば、犯罪を犯して有罪判決を受けた人が、後になってDNA鑑定で無罪になったという事例があります。このようにして、歴史的な冤罪が近年、明らかになっています。さらに、そうした間違いの可能性も考慮すると、実際に死刑判決を執行しなければならない人にのしかかるに違いない精神的な負担のことも考えるべきです。

以上が、私が日本で死刑を廃止すべきだと思う3つの理由です。

機能表現 ワンポイント解説 🎧11-04

「例を挙げて話す」

　第4パラグラフにある For example, ...「例えば…」は、例示する場面で使われるフレーズです。ある出来事についてより具体的に示したいときに、スピーチの中で使うと効果的です。take ... for example「…を例に取る」、for instance, ...「例えば…」などのフレーズを起点にしながら例を挙げるトレーニングを行ってみましょう。

● **Take** smoking **for example**. The government says it is unhealthy, but continues to allow the sale of tobacco products.
喫煙を例に取りましょう。政府は不健康だと言うものの、タバコ製品の販売を許可し続けています。

● Capital punishment is cruel. **For instance,** people who are hanged might not die instantly and thus suffer.
死刑は残酷です。例えば、絞首刑にされる人はすぐに死なずに苦しむかもしれません。

● Steps can be taken to reduce consumer dependency on plastic. **To give one example,** charging for plastic bags at convenience stores.
消費者のプラスチック依存を減らす手段を取ることは可能です。一例を挙げるなら、コンビニでレジ袋に課金することです。

● The government is taking steps to reduce the country's carbon footprint, **such as** making it mandatory that all public transport vehicles be emissions-free.
政府は、すべての公共交通機関の乗り物に排ガスゼロを義務付けるなど、国の二酸化炭素排出量を削減するための措置を講じている。

語注 carbon footprint「二酸化炭素排出量」

発音・発話 ワンポイント解説

「続く」ときは上げる、「言い切る」ときは下げる

　まだ続くときは上がり調子、終わるときは下がり調子が基本。以下で確認しましょう。Some people claim↗ capital punishment works↗ as a deterrent↗ against murder.↘ However,↗ there is a lot of doubt↗ over this theory.↘ The U.S. has the death penalty↗ but the incidence of murder↗ is very high there.↘ (l.9)

DAY 12 Should schoolteachers share the responsibility of discipline?

学校の教師はしつけの責任を分担すべきか

かつて教師による厳しい指導や暴力は、公然と行われることも少なくありませんでした。しかし今では、許されない行為という認識が定着してきています。こうして学校での厳しい指導やしつけが姿を消す一方で、学級崩壊や学校内、SNS上でのいじめなどの問題が大きくクローズアップされていることも事実です。Day 12 では教師による子どものしつけの必要性やその方法などについて考察します。ここで取り上げる内容は、家庭内暴力、いじめ、教師の待遇、部活動と教師の関わりといった問題に関するスピーチにも応用できます。

 Warm-up

次の例文を読み、聞き、音読しましょう。

---

1. Japan has a compulsory education system. So, enrollment rates in primary and middle school are close to 100 percent nationwide, and Japan boasts an illiteracy rate of nearly zero.

日本には義務教育制度がある。このため小学校と中学校への入学率は全国的に100パーセント近くに達しており、日本は非識字率ほぼゼロを誇っている。

📝 compulsory education system「義務教育制度」／ illiteracy「非識字率、読み書きができないこと」

2. Students spend an average of six hours a day in the classroom, excluding extracurricular activities.

生徒たちは、課外活動を除くと、1日平均6時間を教室で過ごす。

extracurricular activity「課外活動、部活動」

学校の教師はしつけの責任を分担すべきか

3. In Japan, the recent increase in divorce, single-parenting and double-income households has altered the perceived role of teachers.

日本では、離婚、一人親の子育て、そして共稼ぎ家庭の近年の増加によって、教師の役割と考えられていることが変化してきている。

alter「～を変える」

4. In the U.S., about 3 percent of children are homeschooled. Many parents list concerns about safety and the bad influence of other students as their primary reason for homeschooling their children.

アメリカでは約3パーセントの子どもたちが自宅で学んでいる。多くの親が、子どもを自宅で教育する主な理由として、安全性や他の生徒から受ける悪影響への心配を挙げている。

homeschool「～を自宅で教育する」／ list「～を列挙する」

5. It is both unfair and unrealistic to expect teachers to act as parents to all of their students. Teachers naturally serve as role models, but their effectiveness as educators assumes that parents are involved with their children.

すべての生徒に対して親のように振る舞うことを教師に期待するのは、不当であり非現実的だ。当然のことながら教師は模範としての働きはするが、教育者として教師が有効に機能するためには、親が子どもと関わっていることが前提だ。

role model「模範とされる人」／ effectiveness「効果、有効性」

6. Discipline in schools is a hotly debated topic. Children's behavior that is disruptive to the classroom environment must be dealt with. However, how to discipline students consistently and fairly is an issue that puts even teachers at odds.

学校におけるしつけは、盛んに議論が闘わされている話題だ。教室の環境を乱す子どもたちの振る舞いには対処しなければならない。しかし、生徒をいかに継続的かつ公平にしつけるかは、教師たちの中でさえ意見が一致しない問題だ。

📝 discipline「しつけ、規律」／ hotly debated「盛んに議論されている」／ disruptive「混乱させる、問題を起こす」／ put ... at odds「…を食い違った状況に置く」

7. Advocates of school discipline argue that student suspensions or other forms of discipline that aren't properly explained, or don't have any moral element supporting them, often lead to negative outcomes.

学校でのしつけを支持する人たちは、十分な説明や道徳面での指導を欠いた生徒の停学やその他の懲罰は、多くの場合良くない結果に結び付く、と主張している。

📝 advocate「支持者、主張者」／ suspension「停学」

8. Teachers are already overworked and are not paid enough to act as surrogate parents. Nor should they be expected to teach children content other than the subjects which are covered by the school curriculum.

教師たちはすでに働き過ぎであり、親の代理として行動するような十分な賃金を支払われているわけでもない。また子どもたちに学校のカリキュラムでカバーされている教科以外の内容を教えることを、期待されるべきでもない。

📝 surrogate「代理の」

9. Class sizes are large, so it's very difficult for a single teacher to be aware of all the mental or emotional problems students might have, let alone be able to deal with those problems properly.

1つのクラスにはたくさんの生徒がいるので、たった1人の先生が生徒が抱えているかもしれない精神的な問題に漏れなく気付いてあげることはとても難しい、ましてやそうした問題を適切に扱うことは難しい。

📙 let alone …「(通例否定文とともに用いて) …は言うまでもなく、…はもちろんのこと」

10. When teachers deal with bad behavior such as bullying, fighting or shoplifting done by their students, they are often forced to walk a tightrope between punishment that takes into account all of a student's circumstances and the voices from communities demanding hard punishment.

教師たちは生徒たちによるいじめ、けんか、あるいは万引きといった不品行に対処する際、生徒が置かれている環境をすべて考慮した罰則と、厳罰を求める社会の声との間で綱渡りを強いられることも少なくない。

📙 bully「~をいじめる」／ walk a tightrope「綱渡りをする」

11. Physical punishment such as spanking used to be commonplace in schools, but now parents in the U.S. face potential legal ramifications if they punish children physically even in their own homes.

お尻たたきのような体罰はかつて学校ではよくあることだったが、アメリカの親たちは今、自宅で自分たちが子どもに体罰を加えた場合でも、法律上のトラブルとなり得る事態に直面している。

📙 spank「(子どもの尻など) をピシャリと打つ、~を (罰として) たたく」／ commonplace「顕著な、目立った」／ legal ramification「法律上面倒な問題」

12. Many teachers say the majority of their students suffer because of repeated problems from a few chronically disruptive peers.

絶えず混乱を巻き起こす少数のクラスメートが繰り返し問題を起こすので、生徒たちの大部分が困った目に遭っていると、多くの教師が述べている。

📙 chronically「絶えず、慢性的に」／ peer「仲間」

13. Children should be taught right from wrong and other social values by their family members. A teacher's primary responsibility is preparing students for the next level of their education.

子どもは善悪や他の社会的価値を家族から教えられるべきだ。教師の第一の責任は生徒たちに教育の次のレベルに向けて準備させることだ。

STEP 2 — Listening Quiz

トピックに関する会話を、メモを取りながら聞きましょう（会話のスクリプトは p.222）。

語られていた内容に合致するよう、次の各文の空所を埋めましょう。

※内容が分からない場合は繰り返し聞きましょう。聞きながら解答しても OK です。
※会話中の語句以外で解答しても構いません。
※英語が思い浮かばない場合は、日本語で書きましょう。　　　　　解答例 p.220

1. This conversation came about because a student committed (① 　　　　) due to bullying.

2. The woman in this dialog feels that educators should take more (② 　　　　　).

3. Student behavior in schools is a reflection of the (③ 　　　) they have received.

4. Some people say children are not disciplined (④ 　　　　).

5. Societal changes including the (⑤ 　　　　) in divorces, single-parenting and double-income households are forcing teachers to provide more discipline for their students.

6. Too many students in one class and low (⑥ 　　　　　) is one of the man's reasons for thinking teachers shouldn't have to be parents too.

7. The woman says that because students spend so much time in class, their teacher's function as a role-model is (⑦ 　　　).

8. The man doesn't want young, (⑧ 　　　　　) teachers to act on behalf of parents.

9. The woman's opinion differs from the man's in that she thinks schools have a (⑨ 　　　　　) to educate students far

218

beyond simply teaching them subjects.

10. The man tends to believe that most of the problems can be traced to parents not being (⑩) with their children's education enough.

Memo

① suicide
② responsibility
③ discipline
④ properly
⑤ increase
⑥ remuneration/pay
⑦ crucial
⑧ inexperienced
⑨ social obligation
⑩ engaged/involved

クイズ英文の訳

1. この会話はいじめによって生徒が（① 自殺）したために話題にもち上がった。

2. この対話の女性は、教育者はもっと（② 責任）を負うべきだと考えている。

3. 学校での子どもたちの振る舞いは、彼らが受けた（③ しつけ）の反映だ。

4. 子どもたちは（④ちゃんと）しつけられていないという人もいる。

5. 離婚や一人親の子育て、そして、共稼ぎ家庭の（⑤増加）をはじめとする社会変化が、生徒たちをしつけることを教師に強いている。

6. 1クラスの生徒数が多すぎることや低い（⑥ 報酬／支払い）も、教師が親の役をこなすべきではない、とこの男性が考えている理由だ。

7. 生徒は教室の中で非常に多くの時間を過ごすので、模範としての教師の役割が（⑦ 重大で）あると女性は言っている。

8. 男性は若手の（⑧経験不足の）教師に、親の代わりをしてほしくない。

9. 学校は生徒たちに教科を教える以上の（⑨社会的責務）を負っていると考えている点で、女性の意見は男性とは異なっている。

10. ほとんどの問題は、親が子どもの教育に十分（⑩ 関わって）いないことが原因である可能性があると、男性は考える傾向にある。

M: Did you hear that sad news about the junior high-school student who committed suicide because of bullying?

W: Yes. Wasn't it dreadful? I think teachers and schools should take more responsibility for things like that. Any incident like that is completely unacceptable!

M: I agree. However, I worry not only about the tragic situation of the victims but also about the behavior of the students around them. It's a reflection of the discipline they've received at home.

W: Yes, I know some people say children are not disciplined properly at home these days. On the other hand, societal changes like the increase in divorces, single-parenting and double-income households are forcing teachers to discipline their students instead of parents doing so.

M: That's a delicate problem. I don't think it's fair to ask teachers to be parents to their students. The class sizes are so large that it's very difficult for a single teacher to be aware of all the mental or emotional problems students might have, let alone be able to deal with those problems properly. Teachers are already overworked, and they're not paid enough to cover the parents' role. In my opinion, children should be taught right from wrong by their family.

W: But when you consider that kids spend about six hours a day in the classroom, the teacher's function as a role model is crucial. In Japan, most kids don't spend that much time with their parents these days.

M: I understand what you're saying, but I feel sorry for the teachers because when they deal with bad behavior, such as

会話の訳

M: いじめのせいで自殺した中学生についてのあの悲しいニュースを聞いたかい？

W: ええ。ひどい話じゃない？　そういったことには教師や学校がもっと責任を持つべきだと思う。そうした出来事はまったくもって受け入れられないわ！

M: 同感だね。でも、僕は犠牲者の悲惨な状況だけじゃなくて、その周りの生徒たちの行動も気になるんだ。彼らの行動は彼らが家庭で受けてきたしつけの反映なんだよね。

W: そうね。最近は子どもたちが家庭でちゃんとしつけられていないという人もいるわ。一方で、離婚や一人親の子育て、それに共稼ぎ家庭の増加といった社会的な変化が、親に代わって生徒をしつけることを教師に強いているのよ。

M: それはデリケートな問題だね。僕としては教師に生徒たちの親になることを要求するのは妥当じゃないと思う。1 つのクラスにはたくさんの生徒がいるから、たった 1 人の先生が生徒の精神的・感情的な問題に漏れなく気付いてあげることはとても難しいよ、ましてやそうした問題を適切に扱うことはね。彼らはすでに働き過ぎだし、親の代わりをするほど十分なお金ももらっていないしね。僕の意見では、子どもたちは家族から善悪を教えられるべきだよ。

W: でも、子どもたちが 1 日に 6 時間教室で過ごすことを考えたら、模範としての教師の役割は重大よ。今どきの日本では、それほど多くの時間を親と過ごす子どもはほとんどいないわよ。

M: 言っていることは分かるけど、僕は教師たちに同情するなあ。だって彼らは生徒のいじめ、けんか、あるいは万引きといった不品行に対処する際に、個々

bullying, fighting or shoplifting done by their students, they're often forced to walk a tightrope between punishing them while taking into account all of their individual circumstances and [1] bowing to the wishes of the voices from communities demanding hard punishment.

W: Did you know that in the U.S., about 3 percent of children are homeschooled? That must be hard on the parents.

M: I imagine it is, but in effect, you're asking teachers to be parents to 30 or 40 kids. Teachers might not know the first thing about parenting, especially if they are young and don't have any experience of raising their own children!

W: I don't see how teachers today have much of a choice. If the lack of discipline causes [2] chronic misbehavior from a few, then the majority of students will suffer.

M: Even so, I don't want teachers, especially if they are [3] inexperienced, to act on behalf of parents. Teachers are supposed to educate children on subjects like reading, writing and history, and prepare them for the next level of their education.

W: I beg to differ. I think schools have a social obligation to educate students far beyond simply teaching them the " [4] three Rs."

M: Yes, I know. But I'd say problems like these stem from parents not being [5] engaged with their children, and a lack of communication and personal involvement in their kids' education.

W: Well, [6] when you put it that way, I guess we need to reevaluate the expectations society is placing on parents, teachers and students.

の生徒が置かれているあらゆる環境を考えながら処罰を下すことと、厳罰を求める社会からの声を受け入れることとの間で綱渡りを強いられることも少なくないんだから。

W: アメリカでは約3パーセントの子どもが自宅で教育を受けているって知っていた？ 親にとっては大変でしょうね。

M: そうだろうけど、でも実のところ君は教師に30人や40人の生徒の親になることを求めているんだよ。特に彼らがまだ若手で自分の子どもを育てた経験がなければ、子育ての基礎知識さえ持っていないかもしれないし！

W: 今の教師たちに選択の余地があるとは私には思えないわ。もししつけの欠如が原因で少数の生徒が慢性的に悪い行いをしているとしたら、大多数の生徒が苦しむことになるのよ。

M: たとえそうでも、僕は、教師が、特に彼らが経験不足の場合には、親の代わりをするのは好まないな。教師は読み書きや歴史などの教科で子どもたちを教育して、教育の次の段階に向けて子どもたちの準備を整えさせることを求められているんだよ。

W: 失礼だけど私は同意しかねるわ。学校は、単に生徒に読み書き計算を教えることをはるかに超えて、生徒たちを教育する社会的な責務を負っていると思うの。

M: うん、分かるよ、でもこういった問題は、親が子どもたちに関わらないことや、コミュニケーション不足、自分の子どもの教育への個人的な関わりの不足から生まれていると思うよ。

W: うーん、そう考えると、私たちは社会が親や教師そして生徒に期待していることを見直す必要があると言えるかもしれないわね。

語注
① bow to ~「~（圧力、状況など）を受け入れる」
② chronic「慢性の」
③ inexperienced「経験のない」
④ three Rs「読み書き計算」※ Reading、wRiting、aRithmetic から。
⑤ engaged with ~「~と関わる」
⑥ When you put it that way「そういう風に言われると」

Outline Your Speech

スピーチの骨子（アウトライン）を作ります。
トピックに関する自分のアイデアをアウトライン化しましょう。

※ Step 1 と Step 2 を参考にしましょう。
※ 完全な文でなくても構いません。
※ 日本語で書いてから英訳しても構いません。
※ アイデアを思いつかない場合は右ページを参考にしましょう。

ト ピ ッ ク

Should schoolteachers share the responsibility of discipline?
学校の教師はしつけの責任を分担すべきか

Conclusion
結論

Point 1
論拠 1

　　　　＋補足

Point 2
論拠 2

　　　　＋補足

Point 3
論拠 3

　　　　＋補足

Conclusion [reprise]
結論【再】

学校の教師はしつけの責任を分担すべきか

アウトライン・サンプル

Conclusion

結論 Schoolteachers should not have to share the responsibility of discipline.

学校の教師は、しつけの責任を分担させられるべきではない。

Point 1

論拠 1 Teachers don't have enough experience to discipline students.

教師は生徒をしつける十分な経験を持っていない。

＋補足

Young teachers, especially, may not have any experience of raising children.

特に、若い教師たちは自分の子どもを育てた経験もないかもしれない。

Point 2

論拠 2 What is expected of teachers is to educate children on subjects like reading, writing and history.

教師に求められているのは、読み書きや歴史などの教科で子どもたちを教育することだ。

＋補足

Teachers are supposed to help students prepare for the next level of their education.

教師は教育の次の段階に向けて子どもたちの準備を整えさせる手助けをすることを求められている。

Point 3

論拠 3 Expecting teachers to act on behalf of parents is unrealistic.

親の代理として行動することを教師に期待するのは非現実的だ。

＋補足

There are many students in each class, so it's difficult for one teacher to care for all the students properly.

各クラスには大勢の生徒がいるので、先生1人で適切にすべての生徒の面倒を見るのは難しい。

Conclusion [reprise]

結論【再】 Teachers shouldn't be expected to share the responsibility of discipline.

教師はしつけの責任の分担を期待されるべきではない。

Write Your Own Speech

アウトラインのメモをもとに160〜240ワードのスピーチ原稿を書きましょう。

※ サンプル・スピーチを読み／聞き、参考にしても構いません。
※ 原稿を書き上げたら2分で音読する練習を繰り返しましょう。

1	
2	
3	
4	
5	
6	
7	
8	
9	
10	
11	
12	
13	
14	
15	
16	
17	
18	
19	
20	
21	
22	
23	
24	
25	

12-03

Should schoolteachers share the responsibility of discipline?

In today's society, the concept of the "① family unit" is ② evolving, and because of this some say that teachers should be expected to fill the role of parent as well as teacher. I disagree with this notion for the following reasons.

First and foremost, teachers don't have enough experience to discipline students. What's more, teachers who don't have their own children, might not know the first thing about raising them, but that's what they're being asked to do. They should be able to concentrate on the subjects they teach.

Second, teachers are required to educate children on subjects like reading, writing and history, and prepare them for the next level of their education. As for teaching children what is right or wrong, that's the ③ duty of their family.

Thirdly, expecting teachers to act on behalf of parents is unrealistic. There are too many students in each class for a single teacher to care for them all properly. Most teachers are already overworked and underpaid. So, such an expectation is not fair, and cannot be justified. If we expect teachers to do those things, then we need to improve their pay and conditions.

These are the three reasons why I do not feel that teachers should be expected to share the responsibility of discipline.

(227 words)

DAY
12

学校の教師はしつけの責任を分担すべきか

語注
① family unit「家族単位」／② evolve「進化する」／③ duty「義務」

229

今日の社会では「家族単位」という概念は進化しており、このため教師には、教師と同時に親の役割を果たすことが求められるべきだと言う人もいます。次のような理由で私はこの考えに反対です。

何よりもまず、教師は子どもをしつけるための十分な経験を持っていません。さらに、自分の子どもがいない若い教師は、子育ての初歩も知らないかもしれないのです。でも彼らにはそれが求められています。彼らは自分が教える科目に専念できるべきです。

次に、教師に求められているのは読み書きや歴史などの教科で子どもたちを教育して、教育の次の段階に向けて子どもたちの準備を整えさせることです。子どもに事の善悪を教えるのは、家族の義務なのです。

第3に、教師に親の代理として振る舞うことを期待することは、非現実的です。各クラスには生徒が大勢過ぎて、先生1人で適切に生徒全員の面倒を見るのは困難です。ほとんどの教師はすでに働き過ぎで賃金も十分ではないのです。ですからそういった要求は妥当ではありませんし、正当化されるべきではありません。もし教師にそうしたことを実行するよう期待するのであれば、彼らの給与と待遇を改善する必要があります。

これら3つの理由で、教師はしつけの責任分担を期待されるべきではないと、私は思います。

機能表現 ワンポイント解説

「仮定や条件の提示で相手の注意を引く」

Day 12 のサンプル・スピーチの第 4 パラグラフの 5 番目のセンテンスでは If A, B「もし A の場合 B」という表現を用いて、ある場合にはどうすべきかを述べています。このように何らかの仮定や条件を先に提示することで、その後の論旨がどうなるのかという読者の関心を引くことが可能です。

If A, (then) B「もし A なら B」、Were I A, B「もし私が A なら B」、Should A, B「万一 A なら B」などのパターンも身に付けてスピーチに活用しましょう。

● **If** the negotiations between the two heads of state are successful, a new era of peace might be achievable.
もし 2 カ国の元首の交渉が成功すれば、新たな平和な時代が実現できるかもしれません。

● **Were** I able to afford it, I would travel to a different country every year.
もしその費用を賄えるなら、毎年いろいろな国を旅したいものです。

● **Should** the ocean temperatures continue to climb, millions of the world's inhabitants will need to be relocated.
万一海水温が上昇を続けるとしたら、何百万もの世界中の住民が移住の必要に迫られることでしょう。

● **Unless** the government either raises taxes or cuts back on spending, the deficit will continue to rise.
政府が税を引き上げるか支出を抑えない限り、赤字は増え続けることでしょう。

● **As long as** private gun ownership is permitted, incidents of gun violence will continue.
個人の銃所有が認められている限り、銃による暴力事件が続くことでしょう。

発音・発話 ワンポイント解説

アクセントと、スピードのコントロールで、強い思いを乗せる

第 1 パラグラフで一番思いが乗っている語はどれでしょう。3 行目の parent だと思って聞いてみてください。どうして、強調されているように聞こえるのでしょう。parent がアクセントをしっかり守りながら、少しゆっくり発音されています。さらに parent の前に、すこしポーズをとると一層の強調を表現できます。「教師の役割と同時に親の役割までも求められている！」と、強く訴えることができるのです。

学校の教師はしつけの責任を分担すべきか

DAY 13 Should smoking be banned in all public places in Japan?

日本のすべての公共の場所で、喫煙を禁じるべきか

日本では昨今、スポーツの国際イベントや海外からの観光客の増加などを見込み、屋外・屋内を問わず喫煙の規制が強化されています。こうした措置に対し、外国に比べるとその中身はまだ不十分だという意見があります。しかし、海外では屋外の規制が比較的少なく、その点を考慮すると一概に日本の規制が緩いとも言えないという意見もあり、評価はまだ定まっていないようです。この Day 13 では喫煙・禁煙に関する問題点や論点などを確認していきますが、ここで取り上げるロジックや表現は選択の自由、健康と医療、税の在り方、国の国際化、医療費、健康保険、近隣トラブルなど多くの分野でも活用できます。

 Warm-up

次の例文を読み、聞き、音読しましょう。

1. It is estimated that from 6 to 15 percent of all health-care costs in wealthy countries worldwide are spent on tobacco-related illnesses.

世界中の富裕国における医療費の6～15パーセントがタバコ関連の病気に費やされていると見積もられている。

2. According to the 2017 report by the World Health Organization (WHO), among member nations Japan ranks the lowest when evaluating the amount of smoking in public places.

世界保健機構（WHO）の 2017 年の報告によると、公共の場での喫煙量の評価で日本は加盟国中、最低レベルに格付けされている。

World Health Organization「世界保健機構」※1948 年に、健康状態を向上させるために創設された国連機関。

3. About 50 years ago, almost half of Japan's adult population smoked. In recent years that rate has dropped to below 20 percent.

50 年ほど前、日本の成人人口のほぼ半分が喫煙していた。昨今、その割合は 20 パーセントを下回っている。

4. As of 2018, Japan Tobacco (JT) is the largest tobacco company in the world. The Japanese government owns one-third of the firm's shares.

2018 年時点で、日本たばこ産業（JT）は世界一のタバコ会社だ。日本政府が同社の株の 3 分の 1 を所有している。

5. Often referred to as "sin taxes," governments generate considerable amounts of tax revenue from the sales of products such as tobacco or alcohol.

しばしば「悪行税」と呼ばれるが、各国政府はタバコやアルコール製品の販売でかなりの税収を生み出している。

sin tax「悪行税、罪悪税」／ considerable「かなりの、相当な」

6. In Japan, approximately 15,000 deaths per year are attributed to the effects of secondhand smoke.

日本では毎年おおよそ 1 万 5000 の人の死因が受動喫煙の影響であると考えられている。

approximately「約、およそ」／ be attributed to ...「…のせいであるとする、…だと考えられている」／ secondhand smoke「受動喫煙、副流煙」

7. There was mounting outside pressure on Tokyo to enforce a ban on smoking before the Olympic Games were to be held.

オリンピックが開催される前に喫煙禁止令を整備せよ、という東京に対する外圧の高まりがあった。

---

8. In parallel with the national laws, each local government enforces its own anti-smoking laws. Tokyo has implemented more strict anti-smoking laws, which effectively make smoking illegal in any bar or restaurant with hired employees. With these laws, employees are protected from secondhand smoke.

国が定めた法律と並行して、各自治体は独自に禁煙条例を施行している。東京はより厳しい禁煙条例を実施しており、それによって従業員を抱えるいかなるバーやレストランでの喫煙も事実上違反となる。これらの条例により、従業員は受動喫煙から守られる。

---

9. Many owners of small eateries, bars and other businesses where the majority of their patrons smoke have voiced concerns about the negative impact the new laws may have on their customer foot traffic and profits.

客の多くが喫煙する小さな料理店やバー、その他の商売の経営者の多くが、新しい条例が客足や利益に与えるかもしれないマイナスの影響について懸念の声を上げている。

📓 eatery「料理店、軽食堂」／ patron「ひいき客」／ foot traffic「行き来、客足」

---

10. There is a potential loophole in the law. E-cigarettes are treated differently in the new measures, as they are less obtrusive and any potential adverse effects have yet to be scientifically proven.

条例には潜在的な抜け穴がある。電子タバコはそれほど迷惑ではなく、潜在的な悪影響もまだ科学的に証明されていないため、電子タバコは新しい対策の中で異なった扱いになっている。

📓 loophole「抜け穴、逃げ道」／ e-cigarette「電子タバコ」／ obtrusive「目障りな、気に障る」／ adverse effects「悪影響」

11. The anti-smoking laws enforced by the Japanese government allow smoking inside pre-existing small businesses that meet several predetermined criteria. However, those bars or restaurants are prohibited from accepting minors.

日本政府が施行した禁煙法では、いくつかの既定の基準を満たした既存の小さな商売には屋内での喫煙が許容されている。ただし、こうしたバーやレストランは、未成年者の入店が禁じられている。

 predetermined「前もって決定された」／ criterion「基準」。※複数形は criteria。

12. It still remains to be seen how effectively these new laws will be enforced, and what changes they might bring about in Japanese society.

これらの法律がどこまで効果的に実施されるか、さらに日本の社会にどのような変化をもたらすのかはまだ分からない。

 It still remains to be seen ...「…はまだ分からない、…は後になってみないと分からない」

STEP 2 Listening Quiz

トピックに関する会話を、メモを取りながら聞きましょう（会話のスクリプト
は p.240）。

語られていた内容に合致するよう、次の各文の空所を埋めましょう。

※内容が分からない場合は繰り返し聞きましょう。聞きながら解答しても OK です。
※会話中の語句以外で解答しても構いません。
※英語が思い浮かばない場合は、日本語で書きましょう。　　　　　解答例 p.238

1. This woman fears that the new anti-smoking regulations will
(① 　　　　　) impact their businesses.

2. One of the most important reasons behind the new policy is
(② 　　　　　　), which has been proven to be dangerous to
others.

3. The treatment of smoking-related (③ 　　　　) makes up a
significant portion of health-care costs.

4. Many service-industry businesses have already (④ 　　　　)
large amounts of money on adapting their businesses to cater to
nonsmoking patrons.

5. The woman believes an outright ban on smoking (⑤ 　　　　)
individuals' rights and freedoms.

6. The man says that the fact government is the biggest
(⑥ 　　　　　　) of the Japan Tobacco Inc. is thought to be
part of the reason Japan's anti-smoking laws are so far behind
other developed countries.

7. There is significant (⑦ 　　　　) pressure being put on Japan to
update its antiquated smoking policies.
*antiquated「時代遅れの」

8. The woman suggests (⑧   ) measures be taken to allow everyone to evaluate the effects of the policy.

9. Although the man (⑨   ) tougher anti-smoking laws, he supports the idea of having segregated smoking rooms in certain establishments.
*segregated「隔離された、区分された」

10. The woman thinks we need to observe the socioeconomic (⑩   ) this policy will have.

Memo

① badly/adversely/negatively

② secondhand smoke

③ diseases/illnesses

④ invested/spent

⑤ takes away/impedes/interferes with

⑥ shareholder

⑦ external/outside

⑧ temporary/provisional

⑨ advocates/supports

⑩ ramifications/consequences

クイズ英文の訳

1. この女性は、新たな喫煙に対する規制が商売に（① 悪く／マイナスに／ネガティブに）影響することを恐れている。

2. 新たな政策の背景にあるもっとも重要な理由の1つは、他人に危害を及ぼすことが証明されている（② 受動喫煙）だ。

3. 喫煙関連の（③ 病気）の治療が、医療コストのかなりの部分を占めている。

4. 多くのサービス産業の商売は、タバコを吸わない顧客に自分たちの商売を対応させるために、すでに大きな額の資金を（投資し／使っ）ている。

5. 女性は完全禁煙が個人の選択の自由の権利を（⑤ 奪ってしまう／阻害している）と考えている。

6. 政府が日本タバコ産業の大（⑥ 株主）であるという事実が、喫煙に関する日本の法律が他の先進国よりもはるかに遅れている理由の1つだと考えられていると男性は言っている。

7. 時代遅れの喫煙政策を更新するように、とかなりの（⑦ 外部からの）圧力が日本にかけられている。

8. この女性は、人々が政策の効果を適切に評価できるように、（⑧ 一時的な）

対策を採ることを提案している。

9. 男性はさらに厳しい禁煙法を（⑨ 支持している）が、一定の施設に隔離された喫煙ルームを置くという考えには賛成している。

10. この政策が与える社会経済的な（⑩ 結果／影響）をしっかり見届ける必要がある、と女性は考えている。

M: You run a bar in Shinjuku, right? How has business been?

W: It's been good, thanks. However, I'm worried about what the future will bring. I'm sure you've heard about the new anti-smoking bill that was passed recently. Being a bar, at least half of our customers smoke. I'm afraid the new regulations will hurt our business.

M: I sympathize with you, but personally, I fully support a ① blanket ban on smoking in public. Secondhand smoke is dangerous to others. I've heard that a large portion of health-care costs stem from smoking-related diseases.

W: I don't smoke myself, but, personally, I think I should have the right to choose whether my business allows smoking or not. We have smoking and nonsmoking sections, and we've already spent ② exorbitant amounts of money on ③ ventilation systems to ④ cater to and protect our nonsmoking customers and my employees!

M: Japan ⑤ lags far behind other developed countries in anti-smoking regulation, particularly with respect to public places. We have to change that situation.

W: Still, I think legislators must consider the economic side effects of a smoking ban. The government collects considerable sums in tax revenue from cigarettes and tobacco products.

M: If it weren't for the fact that the government is the biggest shareholder of Japan Tobacco, things might already be different. The government owns one-third of the company's stocks!

W: I can't ⑥ get past the notion that laws like this take away

会話の訳

M: 君は新宿でバーを経営しているよね。商売はどう？

W: おかげで順調よ。でも、将来どうなるか心配しているの。最近可決された新しい禁煙法案のことは、きっとあなたも聞いているでしょう。バーをやっていると、少なくともお客さんの半数はタバコを吸うのよ。新しい規制で商売が悪化するのを恐れているの。

M: 同情するけど、個人的には公共の場所での完全禁煙を僕は支持しているよ。受動喫煙は他の人にとって危険だし、医療コストの大きな部分が喫煙に関連した病気に由来しているって聞いたことがあるよ。

W: 私自身はタバコを吸わないけど、個人的には、自分のお店で喫煙を許可するかどうかを選ぶ権利は私にあるべきだと思うの。うちは喫煙と禁煙のセクションがあるし、タバコを吸わないお客さんや従業員のことを考えて彼らを守るためにすでに換気システムに途方もないお金を使っているのよ！

M: 日本は喫煙規制では他の先進国よりかなり遅れているよ。特に公共のエリアに関してはね。この状況は変えなくちゃ。

W: そうはいっても、国会議員たちは喫煙の禁止による経済的な側面を考慮しなければダメだと思うわ。政府はタバコやタバコ関連製品からかなりの額の税金を集めているんだし。

M: もし政府がJTの大株主という事実がなければ、事態はすでに違っていたかもしれないね。政府はこの会社の株式の3分の1を所有しているんだからね！

W: こういった法律が個人の自由や権利を奪うという考えは容認できないわ。そ

personal freedoms and rights. Also, such a big change should be achieved gradually, not overnight.

M: Japan has been facing a lot of external pressure to implement tougher antismoking laws, particularly [7] in light of the upcoming Olympics.

W: I can see that. But I like the idea of a [8] provisional ban only for that period. That would give everyone a chance to review the results.

M: But a ban on smoking in public places is a global trend now. To be honest, I would not be opposed to having designated smoking rooms in coffee shops or bars if these areas are completely segregated from the other patrons.

W: What's your stance when it comes to e-cigarettes? Many of our customers have been switching over to them lately.

M: Ah, [9] vaping. Any adverse effects that might be caused by e-cigarettes are still unknown. There's not enough scientific evidence yet on the consequences for those who vape or for the people around them. I will [10] concede that they are less obtrusive and they don't stink like regular tobacco products either.

W: This legislation may be a good thing, but we do have to think about the [11] socioeconomic ramifications of this new law, I think.

れに、こういった大きな変化は、一夜にしてやるのではなく、少しずつ行われるべきよ。

M: 日本は、より厳しい禁煙法を実施するように外部からの圧力に曝^{さら}されているんだよ。特にオリンピックがやってくることを考慮してね。

W: それは分かるわ。でも、私はその時期だけの一時的な禁止にするのがいいと思うの。そうすれば、みんなが結果を検討する機会が持てるし。

M: でも公共の場での喫煙禁止は今や世界的な趨勢^{すうせい}だからなあ。正直に言って、僕は指定の喫煙ルームをカフェやバーに設置することには反対ではないんだ。こうしたエリアが完全に他の客から分離されているならね。

W: 電子タバコに関してはあなたの立場はどうなの？ 最近、うちのお客さんの多くが電子タバコに変えているのよ。

M: ああ、電子タバコね。電子タバコがもたらすかもしれない悪影響に関してはまだ分かっていない。電子タバコを吸った人やその周りの人への影響に関しては科学的な証拠がまだ十分にないんだよ。電子タバコはそれほど迷惑じゃないし、普通のタバコ製品のように臭わない点は認めるよ。

W: この法律はいいものなのかもしれないけど、この新しい法律から生じる社会経済的な影響はしっかりと考えなければいけないと私は思うわ。

語注

① blanket ban「全面的な禁止」
② exorbitant「途方もない」
③ ventilation「換気」
④ cater to ...「…に応える、応ずる」
⑤ lag behind ...「…に遅れをとる」
⑥ get past ...「…を素通りする、…を容認される」
⑦ in light of ...「…を考慮して」
⑧ provisional「一時的な、暫定的な」
⑨ vape「（電子タバコを）吸う、ふかす」
⑩ concede「～を認める」
⑪ socioeconomic ramifications「社会経済的な影響」

Outline Your Speech

スピーチの骨子 (アウトライン) を作ります。
トピックに関する自分のアイデアをアウトライン化しましょう。

※ Step 1 と Step 2 を参考にしましょう。
※ 完全な文でなくても構いません。
※ 日本語で書いてから英訳しても構いません。
※ アイデアを思いつかない場合は右ページを参考にしましょう。

トピック

Should smoking be banned in all public places in Japan?
日本のすべての公共の場所で、喫煙を禁じるべきか

Conclusion
結論

Point 1
論拠 1

　　　　＋補足

Point 2
論拠 2

　　　　＋補足

Point 3
論拠 3

　　　　＋補足

Conclusion [reprise]
結論 【再】

日本のすべての公共の場所で、喫煙を禁じるべきか

アウトライン・サンプル

Conclusion

結論　Smoking in public places should be banned in Japan.
日本では、公共の場所での喫煙は禁止されるべきだ。

Point 1

論拠1　It poses a health risk to others.
他人に健康リスクを与える。

　＋補足
Secondhand smoke kills about15,000 people each year.
Treatment of smoking-related illnesses costs too much in health care.
受動喫煙は毎年約1万5000人の人の命を奪っている。
喫煙関連の病気の治療には多大な医療コストがかかる。

Point 2

論拠2　Relating to the enforcement of anti-smoking laws, Japan has been facing external pressure.
禁煙法の施行に関して、日本は外圧に直面している。

　＋補足
In light of the Tokyo Olympic Games, Japan should ban smoking in public spaces.
東京オリンピックのことを考えると、日本は公共の場での喫煙を禁止すべきだ。

Point 3

論拠3　If they cannot properly set up designated smoking rooms, even small businesses should ban smoking there.
指定された禁煙室をちゃんと設置できないのであれば、小規模な店でも、店内での喫煙を禁じるべきだ。

　＋補足
These policies will also protect employees from secondhand smoke.
こうした施策は、従業員を受動喫煙から守ることにもなる。

Conclusion [reprise]

結論【再】　I endorse a blanket ban on smoking in public places in Japan.
私は日本の公共の場所での完全禁煙を支持する。

Write Your Own Speech

STEP 4

アウトラインのメモをもとに160〜240ワードのスピーチ原稿を書きましょう。

※ サンプル・スピーチを読み／聞き、参考にしても構いません。
※ 原稿を書き上げたら2分で音読する練習を繰り返しましょう。

1
2
3
4
5
6
7
8
9
10
11
12
13
14
15
16
17
18
19
20
21
22
23
24
25

13-03

Should smoking be banned in all public places in Japan?

Japan ① is poised to take a tougher stance on smoking in public. While this might not be good news for smokers, I am in favor of an outright ban on smoking in public places for the following reasons.

Most importantly, smoking in public poses a health risk to others. Secondhand smoke kills somewhere ② in the neighborhood of 15,000 people a year in Japan. The fact that the treatment of smoking-related illnesses costs an enormous amount of taxpayers' money also deserves attention. 5

Furthermore, Japan has been facing external pressure with respect to the enforcement of anti-smoking laws. The reason this is important is that Japan is hoping to continue to host a lot of international events, including the Olympic Games. This means many foreign tourists and athletes who are used to nonsmoking laws will visit. If Japan continues to allow smoking in public places these visitors are likely to get a negative impression of the country and it could ③ jeopardize future events. 10 15

Thirdly, owners of businesses such as bars or restaurants must protect their customers and employees from secondhand smoke. However, I believe it is the case that some businesses can't set up a designated smoking room properly on their ④ premises. 20

These are reasons I fully endorse a blanket ban on smoking in all public places in Japan. (219 words)

DAY
13

日本のすべての公共の場所で、喫煙を禁じるべきか

語注

① be poised to ...「…する準備が整っている」／② in the neighborhood「およそ、約」／③ jeopardize「~を危険にさらす」／④ premises「土地、敷地、構内」

日本は公共の場所での喫煙をより厳しく取り締まろうとしています。これは喫煙者にとっては良いニュースではありませんが、私は以下の理由から公共の場を全面的に禁煙にすることに賛成です。

最も重要なのは、公共の場での喫煙は他人に健康リスクを与えることです。受動喫煙は日本で年間約1万5000人の人の命を奪っています。また、喫煙関連の病気の治療に膨大な税金が使われていることも注目に値すべきことです。

さらに、禁煙法の施行に関して、日本は外圧に直面しています。この点が重要である理由は、日本はオリンピックをはじめ、これからも多くの国際的なイベントを開催していきたいと考えているからです。つまり、禁煙法に慣れている多くの外国人旅行者や選手が日本を訪れることになります。もし日本が公共の場での喫煙を認め続ければ、こうした訪問者はこの国にマイナスの印象を抱き、将来のイベントに水を差すかもしれません。

第3に、バーやレストランの経営者たちは、自分たちの客や従業員を受動喫煙から守らなくてはいけません。しかし、事業者の中には、敷地内にきちんと指定喫煙室を設置できない事業者もいるのが実情だとは思います。

以上の理由で、私は日本の公共の場所での喫煙の全面的な禁止を完全に支持します。

機能表現 ワンポイント解説

 13-04

「新視点や付加情報を導く」

　第 3 パラグラフでは This means ... 「つまり…」という表現を使って、前に出てきた情報をさらに補強しています。このように既出の内容を言い換える表現はスピーチの中で話を膨らませるのに非常に有用です。似たような表現を、併せて確認しておきましょう。

● Due to their own daily habits, some politicians oppose anti-smoking regulations. **In other words**, they are smokers themselves.
自分たちの日々の習慣によって、一部の政治家は禁煙条例に反対しています。つまり、彼らは自らも喫煙者なのです。

● Did you see the results of the election that took place in the U.K. yesterday? **I mean**, did you know that that country is heading for big changes?
昨日イギリスで行われた選挙の結果を見ましたか？　つまり、あの国が大きな変革に向かっていることを知っていましたかということなんですが。

● The number of companies in which a woman holds the title of CEO is higher than ever before. **That is to say**, we have to be fairer in evaluating women's ability.
女性が CEO の役職を握っている企業の数はこれまでになく多くなっています。つまり、我々は女性の能力をもっと公平に評価しなくてはいけないということです。

発音・発話 ワンポイント解説

部分から全体への練習で「つながり」と「リズム」を獲得

　<u>I am in favor of an outright ban on smoking</u> / in public places...(l.2)
下線部は、10 個の単語がまるで長い 1 つの単語のようにつながって発話されています。以下の①～⑧は、つながりの部分だけを書き出したものです。① min[min]、② nfa[nfei]、③ rof[rəv]、④ fan[vən]、⑤ nou[nau]、⑥ tba[tbæ]、⑦ non[nən]、⑧ nsmo[nsmou]　子音 [m][n][f][r][v][t][b][s] の音に注意しながら、①～⑧を発音してみてください。その後、全体を音読すると、モデルのようなつながりのある発話になります。さらに <u>fa</u>vor、<u>ou</u>tright ban、sm<u>o</u>king の下線 3 カ所に、しっかりアクセントを乗せると、リズムよく響くようになります。このつながりとリズムに、「全面的禁煙に賛成です！」という思いを乗せると、サンプル・スピーチの音声と同じような自然な強調のある発話ができるようになります。

Should measures against infectious diseases be strengthened?

感染症対策は強化すべきか

バクテリアやウイルスなどが原因で起こる各種の伝染病には、予防接種で防げるものもありますが、いまだに治療手段が見つかっていないものも少なくありません。また、予防手段が存在するものであっても、予防接種を受けていないために感染が拡大する例も昨今増加しています。Day 14 では予防接種の可否や感染の拡大といった問題を扱いますが、このテーマは、医療の発展によるプラス面とマイナス面、医療と倫理、国際化によって発生する諸問題、治療法に対する個人の選択の自由、人権といったテーマでのスピーチにも役に立つ内容になっています。

 Warm-up

次の例文を読み、聞き、音読しましょう。

1. Infectious diseases are disorders that are caused by microorganisms, such as bacteria, viruses and fungi, and can be passed directly or indirectly from person to person.

感染症とは、バクテリアやウイルス、真菌などの微生物によって生じる病気で、直接あるいは間接的に人から人へと感染する可能性がある。

📝 infectious「感染性の、伝染性の」／ disorder「障害、異常」／ microorganism「微生物」／ fungi「真菌」※fungus の複数形。

---

2. The Centers for Disease Control and Prevention (CDC) warns that another global flu pandemic is a question of "when," not "if."

疾病予防管理センターは、世界規模のインフルエンザの大流行は、「もしかしたら（発生するかもしれない）」ではなく、「いつ（発生するか）」という問題であると警告している。

📝 The Centers for Disease Control and Prevention (CDC) ※アメリカ保健福祉省の機関で、マラリアをはじめとする伝染病に対処する総合研究所として公衆衛生局内に1946年に設立された。／ pandemic「パンデミック、世界的流行病」／ question of if「可能性の問題、起きるかどうかという問題」

---

3. The number of young children who are not fully vaccinated has spiked over the last decade, causing some countries to reevaluate mandatory inoculation requirements.

十分に予防接種を受けていない幼児の数が過去10年で急増しており、いくつかの国で強制的な予防接種の要件の再考につながった。

📝 vaccinate「～にワクチン（予防）接種をする」／ spike「急上昇する」／ reevaluate「～を再考する」／ mandatory「強制的な」／ inoculation「予防接種」

---

4. International transportation of people and goods are key factors in the spread of infectious disease.

人や物資の国をまたぐ移動は、感染症拡大の主な要因である。

---

5. Many people who oppose vaccinations believe the government should not interfere with personal medical decisions. Others protest on philosophical grounds or for religious reasons.

ワクチン接種に反対する多くの人は、医療に関する個人の決断に政府が干渉すべきではないと考えている。他には哲学的あるいは宗教的理由で異議を唱える人もいる。

📝 ground「根拠、理由」

6. Lockdown can be a useful measure against communicable disease. On the other hand, this measure carries the risk of closing down the economy.

ロックダウンは伝染病に対する有効な対策となり得る。一方で、この処置は経済を停止させる危険性がある。

📝 communicable disease「伝染病」

---

7. Some people believe that when we fight against disease, the economy shouldn't be set above human life under any circumstances, but we cannot hide in our homes until solutions are found.

病気と闘うときには、どんな状況でも人命より経済を優先すべきではないと考える人もいるが、解決策が見つかるまで家にこもっていることはできない。

---

8. Disclosure of information and examinations are most important in containing the spread of communicable diseases.

伝染性の蔓延を食い止めるには、情報の公開と検査がもっとも重要だ。

📝 contain「〜（病気の蔓延など）を防ぐ」

---

9. Vaccines have to be continuously developed, because viruses can mutate.

ウイルスは突然変異する可能性があるため、ワクチンは継続的に開発される必要がある。

📝 mutate「突然変異する」

---

10. Several infectious diseases previously considered to have been eradicated, like measles and tuberculosis, are making a resurgence in the U.S. and elsewhere.

かつて根絶されたと考えられていたはしかや結核のようないくつかの感染症が、アメリカやその他の地域で復活しつつある。

📝 eradicate「〜を根絶する」／ measles「はしか、麻疹」／ tuberculosis「結核」／ resurgence「復活」

11. The Severe Acute Respiratory Syndrome(SARS) outbreak began in 2002, mainly in southern China, and by the time it ended in 2003, 8,098 people had been infected and 774 had died.

SARS（重症急性呼吸器症候群）は、2002 年に中国南部を中心に大流行し、2003 年に終息するまでに、8098 人が感染し 774 人が死亡した。

📝 outbreak「大流行」

12. Discovered in 2012, Middle East respiratory syndrome(MERS) broke out in South Korea in 2015, infecting 186 people, 36 of whom died.

2012 年に発見された MERS（中東呼吸器症候群）は、2015 年韓国で大流行し、186 人が感染し、そのうち 36 人が死亡した。

13. Just as we still have not found a vaccine or cure for MERS, we never immediately know the perfect measures to take to contain any new infectious disease.

MERS のワクチンや治療法がまだ見つかっていないのと同じように、新しい感染症を封じ込めるための完璧な対策がすぐに分かるわけではない。

14. In developing countries which don't have good enough health-care systems, it's very difficult to contain infectious diseases.

十分な医療体制を持たない発展途上国では、感染症を抑え込むことは非常に困難だ。

DAY
14

感染症対策は強化すべきか

STEP 2 Listening Quiz

トピックに関する会話を、メモを取りながら聞きましょう（会話のスクリプトは p.258）。

語られていた内容に合致するよう、次の各文の空所を埋めましょう。

※内容が分からない場合は繰り返し聞きましょう。聞きながら解答しても OK です。
※会話中の語句以外で解答しても構いません。
※英語が思い浮かばない場合は、日本語で書きましょう。　　　　　解答例 p.256

1. Several diseases previously thought to (① 　　　　　) are resurfacing around the world.

2. It is suspected that these diseases are resurging because of a decline in (② 　　　　) rates.

3. The woman thinks that it should be illegal not to (③ 　　　　　) for certain diseases.

4. There are many (④ 　　　) that we don't even have vaccinations for.

5. The (⑤ 　　　) of antibiotics has made many antibiotics almost useless.

6. In this conversation, the woman thinks (⑥ 　　　) are going to be a huge problem in the near future.

7. In this conversation, the man says he trusts the scientists to come up with (⑦ 　　　) to these problems.

8. The man insists "we can't (⑧ 　　　) industry and all hide in our homes until solutions are found."

9. The woman says every (⑨ 　　　) has a cost.

10. The man suggests the best way to fight this problem is speeding up the (⑩   ), not closing down the economy.

11. The woman suggests we have to change our (⑪   ) .

Memo

⬛ 解答例

① have been eradicated/eliminated
② immunization
③ get your kids vaccinated
④ pathogens
⑤ overuse
⑥ superbugs
⑦ solutions
⑧ shut down
⑨ remedy
⑩ research
⑪ priorities

⬛ クイズ英文の訳

1. かつては（① 根絶された）と考えられていた複数の病気が世界中で復活しつつある。

2. これらの病は（② 予防接種）率の低下によって復活しているのではないかと疑われている。

3. 女性は、特定の病気に向けた（③ 予防接種を子どもに受けさせ）ないのは違法にすべきだと考えている。

4. ワクチンが開発されていない（④ 病原菌）はたくさんある。

5. 抗生物質の (⑤使い過ぎ) により、多くの抗生物質が役に立たなくなっている。

6. この会話で女性は、近い将来、（⑥ 耐性菌）が大きな問題になると考えている。

7. この会話で男性は、科学者がこうした問題への（⑦ 解決策）を見いだしてくれると信じていると語っている。

8. 「解決策が見つかるまで、産業を（⑧ 停止して）全員が家にこもっているなんてできない」と男性は主張している。

9. 女性は、どんな（⑨ 治療法）もコストがかかる、と言っている。

10. この問題と闘う最良の方法は、（⑩ 研究）のスピードを速めることであり、経済を停止させることではない、と男性は示唆している。

11. 女性は、（⑪ ［物事の］優先順位）を変えなくてはいけないと提案している。

感染症対策は強化すべきか

M: Did you see the news report about the measles outbreak?

W: I read about it online. Over 5,000 people infected and almost 100 fatalities. I didn't even think measles was a problem anymore.

M: Apparently, a potential cause of the ①calamity was the low rate of ②immunization among young people. Many diseases once thought to have been almost eradicated are ③resurgent around the world now for exactly that reason.

W: I know. It should be illegal not to get your kids vaccinated for certain diseases. It would save tens of thousands of lives globally each year if everyone had the flu vaccination, for example.

M: I don't think the world can afford to pay for all the vaccinations that would be needed. People dying of communicable diseases is unavoidable. On top of that, there are many ④pathogens that we don't even have vaccinations for, like MERS.

W: Then, we should put more money into research, shouldn't we? And the overuse of antibiotics has rendered many of them almost useless. A lot of virus ⑤strains have now mutated and are antibiotic resistant. I'm afraid these ⑥superbugs are going to be a huge problem in the near future.

M: I trust the scientists to come up with solutions to these problems. Lots of money is always being spent on research into new drugs. They always work it out eventually.

W: Eventually might be too late. Why let people die when we should be doing everything we can to save them? It could be

会話の訳

M: はしかの大流行についてのニュースを見たかい？

W: ネットで読んだわ。5000 人以上が感染して、死亡者数はほぼ 100 人よね。いまだにはしかが問題になるなんて思いもしなかったわ。

M: どうやらこの大惨事の潜在的な要因は、若年層における予防接種率の低さにあったようだね。間違いなくこの理由で、一度は根絶されたと思われていた病気の多くが今世界中で息を吹き返しているんだ。

W: そうよね。特定の病気の予防接種を子どもにさせないのは違法にすべきよ。例えば、もしすべての人がインフルエンザの予防接種を受ければ、世界中で毎年何万人もの命を救うことができるでしょう。

M: 世界が、必要とするすべての予防接種にお金を払う余裕があるとは思えないな。伝染性の病気で人が死ぬことは避けられないよ。それに加えて、MERS（中東呼吸器症候群）のようにワクチンが開発されていない病原菌はたくさんあるからね。

W: じゃあ、研究にもっとお金をつぎ込むべきじゃない？ それに、抗生物質の使い過ぎで、多くの抗生物質がほとんど役に立たなくなっているわ。多くのウイルスが突然変異を起こして、抗生物質に耐性を持つようになっているのよ。近い将来、この手の耐性菌が大きな問題になると思うの。

M: 僕は、科学者がこうした問題への解決策を見いだしてくれると信じている。新薬の研究には常に多額の資金が費やされているからね。いずれは、いつだってうまくいくんだよ。

W: いずれでは遅すぎるかもしれない。人々を救うためにできることはすべてやるべき段階で、なぜ人を死なせられるの？ 苦しむのは、あなたやあなた自身の家族かもしれないのよ。

you or your own family who suffer.

M: But how far can we go? We can't shut down industry and all hide in our homes until solutions are found. The world economy would collapse. There are always going to be communicable diseases; it's a fact of life.

W: I'm not suggesting stopping all industry, but I do think we should do more. Every remedy has a cost, but the emphasis on globalization and making money is too strong. What are we living for, if our only priority is to make money?

M: I'm afraid you can't stop globalization. The world is inter-connected now and it's never going back to the isolation of before.

W: Yes, I suppose that's true, but now that people can move all over the globe so easily, it [7]exacerbates the problem of [8]contagions spreading. The number of pandemics is only going to increase.

M: That's right, as the world gets smaller, this problem will only get bigger. But the best way to fight it is by speeding up the research, not closing down the economy. Closing the economy only slows down the research.

W: I'm not saying the economy should be closed. I'm saying we have to change our priorities. We need to find more ways to cure the problems we already have instead of just keeping up with the rush to use all the world's resources in pursuit of personal wealth. What's the point of being rich if it's going to kill everyone?

感染症対策は強化すべきか

M: でもどこまでやればいいんだい？　解決策が見つかるまで、産業を停止して全員が家にこもっているなんてできないよ。世界経済が崩壊してしまう。伝染性の病気は常に存在している。それは紛れもない事実だよ。

W: すべての産業をストップしろと言っているわけではないの、でも、もっと対策を採るべきだとは強く思う。すべての治療法にはコストがかかるけど、グローバル化やお金儲けの面が重視され過ぎてるわ。お金を稼ぐことだけを優先しているとしたら、私たちは何のために生きているの？

M: 残念ながらグローバル化を止めることはできないよ。今や世界は相互につながっているし、以前のような孤立状態には決して戻らないんだ。

W: ええ、その通りだと思うわ、でも人々が世界中を容易に移動できるようになったことで、伝染病が蔓延するという問題が悪化しているのよ。パンデミックの回数は増えていく一方よ。

M: その通り。世界が小さくなるにつれて、この問題は大きくなる一方だ。でも、こうした問題と闘う最良の方法は、研究のスピードを速めることだよ。経済を停止させるのではなくね。経済が止まってしまうと、研究のスピードも落ちるだけだからね。

W: 経済を止めろとは言っていないわ。私は優先順位を変えなくてはいけないと言っているの。個人的な豊かさを追求して世界の資源を使い切ろうと躍起になるのではなく、今ある問題を解決する方法をもっと見つけなくちゃ。みんなを殺すことになるなら、お金持ちになる意味がどこにあるのよ？

語注
① calamity「大惨事」
② immunization「予防接種、免疫化」
③ resurgent「よみがえる」
④ pathogen「病原体、病原菌」
⑤ strain「菌株」※ virus strains で「複数のウイルス」を表している。
⑥ superbug「耐性菌」
⑦ exacerbate「～を悪化させる」
⑧ contagion「伝染病」

Outline Your Speech

スピーチの骨子 (アウトライン) を作ります。
トピックに関する自分のアイデアをアウトライン化しましょう。

※ Step 1 と Step 2 を参考にしましょう。
※ 完全な文でなくても構いません。
※ 日本語で書いてから英訳しても構いません。
※ アイデアを思いつかない場合は右ページを参考にしましょう。

ト ピ ッ ク

Should measures against infectious diseases be strengthened?

感染症対策は強化すべきか

Conclusion
結論

Point 1
論拠 1

　　　　＋補足

Point 2
論拠 2

　　　　＋補足

Point 3
論拠 3

　　　　＋補足

Conclusion [reprise]
結論【再】

アウトライン・サンプル

Conclusion

結論　Measures against infectious diseases shouldn't be strengthened without careful consideration.
感染症対策は慎重な検討なしに強化すべきではない。

Point 1

論拠 1　We don't know how to contain every new infectious disease.
われわれは個々の新たな感染症を抑え込む方法を知らない。

　　＋補足

Additionally, virus strains can mutate. As such, this makes it very difficult to develop effective vaccinations or find useful preventive measures.
さらに、ウイルスは突然変異を起こす。このため効果的なワクチンの開発や有効な予防策の発見をとても困難にする。

Point 2

論拠 2　Of course we need to take some measures, but a hard-line approach such as a lockdown also carries the risk of closing down the economy.
もちろん何らかの対策は講じなくてはならないが、ロックダウンのような強硬なやり方は、経済を止めてしまう危険性もある。

　　＋補足

Poor economic performance will result in the impoverishment of people's lives.
経済活動の不振は人々の生活を困窮させる結果となる。

Point 3

論拠 3　We cannot hide in our homes until solutions are found.
解決策が見つかるまで家に籠もっていることはできない。

　　＋補足

Our aim should be to come up with quick and effective ways to make it possible to live safely and productively.
われわれが目標とすべきは、安全かつ生産的に生きることを可能にする、迅速かつ効果的な方法を考えることだ。

Conclusion [reprise]

結論【再】　Measures against infectious diseases shouldn't be strengthened without careful consideration.
感染症対策は慎重な検討なしに強化すべきではない。

STEP 4 Write Your Own Speech

アウトラインのメモをもとに160〜240ワードのスピーチ原稿を書きましょう。

※ サンプル・スピーチを読み／聞き、参考にしても構いません。
※ 原稿を書き上げたら2分で音読する練習を繰り返しましょう。

1
2
3
4
5
6
7
8
9
10
11
12
13
14
15
16
17
18
19
20
21
22
23
24
25

14-03

Should measures against infectious diseases be strengthened?

感染症対策は強化すべきか

As the world becomes increasingly smaller, previously localized outbreaks of [1] virulent diseases can easily become pandemics and hard to contain or [2] neutralize. But even considering those situations, for the reasons outlined below, I believe that measures against infectious diseases shouldn't be strengthened without careful consideration.

First of all, we don't know the perfect measures to contain every new infectious disease. Additionally, virus strains can mutate. As such, it is very difficult to develop effective vaccinations or find useful preventive measures. There will always be communicable diseases.

Secondly, of course I think we need to take some measures to try to stop diseases spreading, but a hard-line approach such as a lockdown also carries the risk of closing down the economy. Poor economic performance will result in the impoverishment of people's lives. And poverty brings its own problems, which, as well as reducing opportunities for many, could include an increase in suicide. So I believe excessive measures can also be a cause of death.

Thirdly, no matter what we do, we cannot hide in our homes until solutions are found. Our aim should be to come up with quick and effective ways to make it possible to live a healthy and productive life.

These are just a few of the reasons I believe the measures against infectious diseases shouldn't be strengthened without careful consideration. (223 words)

語注
① virulent「伝染性の強い」 ② neutralize「～の効果をなくす」

世界がますます狭くなるにつれ、かつては局地的に大流行していた伝染性の強い病気は簡単にパンデミックとなりえており、封じ込めたり無効化したりすることが困難になってきています。しかしそうした状況を考慮しても、以下に述べる理由によって、私は、慎重な検討なしには感染症対策は強化すべきではないと思っています。

そもそもわれわれは、個々の新たな感染症を抑え込む完璧な対策を知りません。さらに、ウイルスは突然変異を起こします。このため効果的なワクチンを開発したり、有効な対策を見つけたりすることは非常に困難です。いつの時代にも常に伝染性の病気はあるのです。

第2に、もちろんわれわれは病気の蔓延を防ぐ何らかの対策を講じなくてはいけないとは思いますが、ロックダウンのような強硬なやり方は、経済を止めてしまう危険性もあります。経済活動の不振は人々の生活を困窮させることになります。そして、貧困はそれ自体が問題をもたらし、多くの人の機会を減らすだけでなく、自殺の増加も招きかねません。つまり、行き過ぎた施策も死の原因になり得ると思います。

第3に、解決策が見つかるまで家にこもっているなんてことは何をしようともできません。われわれが目指すべきは、健康で生産的に生きられるように、迅速かつ効果的な方法を考えることです。

以上が、感染症対策は安易に強化するべきではないと私が考えている理由のほんの一部です。

機能表現 ワンポイント解説

14-04

「順接を表す」

Day 14 のサンプル・スピーチ第2パラグラフでは、As such, ...「それゆえ…」と、前のセンテンスを理由として受け、順接でつなぐ表現が登場しています。ここでは、論理の流れに逆らわず話をつないでいく表現を取り上げます。

● **Therefore,** if we do not wean ourselves off the burning of fossil fuels, we will possibly jeopardize not only our children's future but also our own.
それゆえ、もし私たちが化石燃料を燃やすことをやめなければ、私たちは子どもたちだけでなく私たち自身の未来をも危険にさらす可能性があるのです。

● **Accordingly,** for the government to rake in profits from the sales of cigarettes while at the same time claiming they are a health hazard is irresponsible and perhaps even criminal.
それゆえ、政府がタバコの販売から利益を得つつ、同時に一方でタバコは有害だと主張するのが無責任であり、ひょっとすると犯罪的でさえあるのです。

● Young people today do not trust the government to be able to pay for their pensions, **and thus** they are prepared to work well into their 70s.
今日の若者は、政府が彼らの年金を支払えるとは信じていません。従って、彼らは70代になっても働く覚悟をしています。

語注 wean A off B「AにBを断ち切らせる」／ rake in ...「(金)を(熊手でかき寄せるように)儲ける」／ pension「年金」

発音・発話 ワンポイント解説

can、can't、cannot の発音

don't や shouldn't は、do、should 自体に n の音がないので、n't と短縮形を使っても、do、should と聞き間違えませんが、can't は要注意です。 ① ...it is the case that some businesses <u>can't</u> set up ~ (p.247, l.20) ／② no matter what we do, we <u>cannot</u> hide in our homes (l.20) can't は、①のモデル音読のように、上手に強調して発話しないと、can と区別がつかない恐れがあります。②のように、not を強調して cannot を使えば、誤解されることはないでしょう。

これまでのヒントを振り返りながら、音読練習をしてください。練習の成果を信じて、焦らず、ゆっくり、はっきりと、語ってきてくださいね。

DAY 14 感染症対策は強化すべきか

Listening Quiz

トピックに関する会話を、メモを取りながら聞きましょう。語られていた内容に合致するよう、次の各文の空所を埋めましょう。

※内容が分からない場合は繰り返し聞きましょう。聞きながら解答しても OK です。
※会話中の語句以外で解答しても構いません。
※英語が思い浮かばない場合は、日本語で書きましょう。

Memo

Outline Your Speech

スピーチの骨子 (アウトライン) を作ります。
トピックに関する自分のアイデアをアウトライン化しましょう。

※ Step 1 と Step 2 を参考にしましょう。
※ 完全な文でなくても構いません。
※ 日本語で書いてから英訳しても構いません。
※ アイデアを思いつかない場合は右ページを参考にしても構いません。

Conclusion
結論

Point 1
論拠 1

　　　　＋補足

Point 2
論拠 2

　　　　＋補足

Point 3
論拠 3

　　　　＋補足

Conclusion [reprise]
結論【再】

Write Your Own Speech

アウトラインのメモをもとに160〜240ワードのスピーチ原稿を書きましょう。

※ サンプル・スピーチを読み／聞き、参考にしても構いません。
※ 原稿を書き上げたら2分で音読する練習を繰り返しましょう。

1

2

3

4

5

6

7

8

9

10

11

12

13

14

15

16

17

18

19

20

21

22

23

24

25

Write Your Own Speech

アウトラインのメモをもとに160〜240ワードのスピーチ原稿を書きましょう。

※ サンプル・スピーチを読み/聞き、参考にしても構いません。
※ 原稿を書き上げたら 2 分で音読する練習を繰り返しましょう。

```
1
2
3
4
5
6
7
8
9
10
11
12
13
14
15
16
17
18
19
20
21
22
23
24
25
```

著者プロフィール

長尾和夫：
福岡県出身。語学出版社で、大学英語教科書や語学系書籍・CD-ROM・Web
サイトなどの編集・制作・執筆に携わる。現在、語学書籍の出版プロデュース・
執筆・編集・翻訳などを行うアルファ・プラス・カフェ（A+Café）を主宰。

完全攻略！ 英検®1級二次試験対策

発行日：2020 年 9 月 4 日（初版）

著者：長尾和夫／A+Café

解説：中西哲彦

編集：株式会社アルク 出版編集部

校正：Peter Branscombe ／ Margaret Stalker

編集協力：大塚智美

本文デザイン・DTP：一柳 茂（クリエーターズユニオン）

表紙デザイン：大村麻紀子

ナレーション：Chris Koprowski ／ Paul Thompson ／ Margaret Stalker

録音・編集：一般財団法人 英語教育協議会（ELEC）

印刷・製本：日経印刷株式会社

発行者：天野智之

発行所：株式会社アルク

　　　　〒102-0073 東京都千代田区九段北 4-2-6 市ヶ谷ビル

　　　　Website：https://www.alc.co.jp/

PC：7020021　ISBN：978-4-7574-3641-1